AF478855

# CERITH WYN EVANS

BERGEN KUNSTHALL
FEB. 4 — MAR. 27, 2011

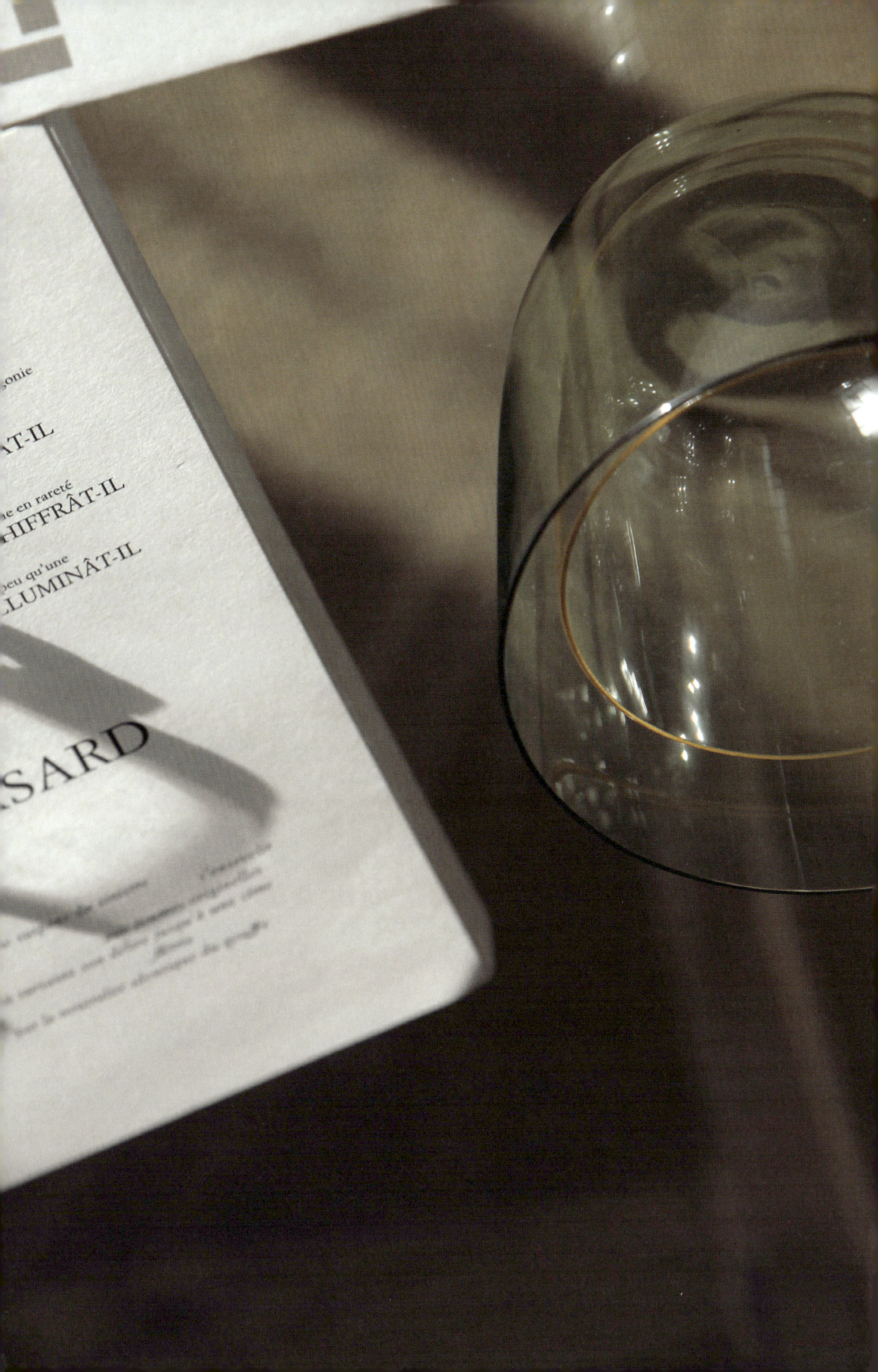
onie
ÂT-IL
ne en rareté
HIFFRÂT-IL
peu qu'une
LUMINÂT-IL
SARD

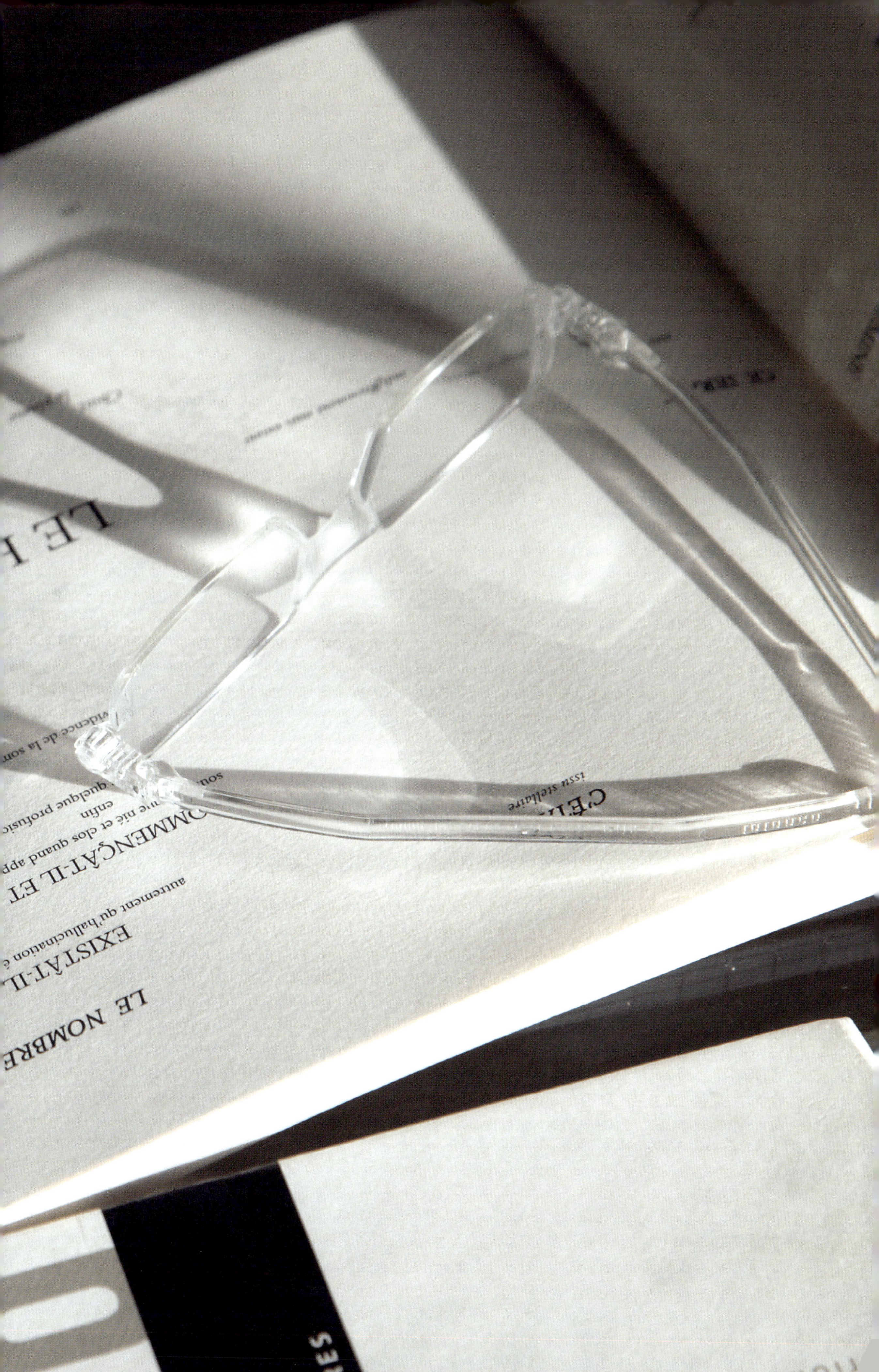

STØTTEV AV · SUPPORTED BY

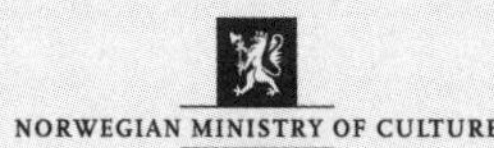
NORWEGIAN MINISTRY OF CULTURE

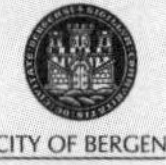
CITY OF BERGEN

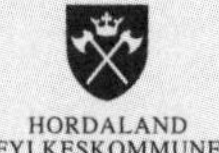
HORDALAND
FYLKESKOMMUNE

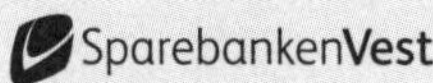
SparebankenVest

SOHO
kitchen & lounge

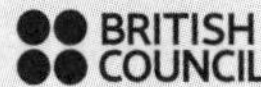
BKK

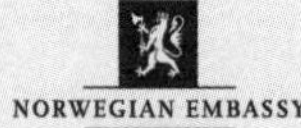
BRITISH
COUNCIL

NORWEGIAN EMBASSY

Utgitt av Bergen Kunsthall
i anledning utstillingen

Published by Bergen Kunsthall
on the occasion of the exhibition

# CERITH WYN EVANS

**BERGEN KUNSTHALL**
**FEB. 4 — MAR. 27, 2011**

Utstillingen er produsert av Bergen Kunsthall
Exhibition produced by Bergen Kunsthall

**KURATOR · CURATOR**
Solveig Øvstebø
**ESSAY**
Lars Bang Larsen
**SAMTALE · CONVERSATION**
Solveig Øvstebø, Cerith Wyn Evans
**REDAKSJON · EDITORS**
Solveig Øvstebø, Åse Løvgren, Steinar Sekkingstad
**OVERSETTELSER · TRANSLATIONS**
James Manley, Egil Fredheim
**KORREKTUR · PROOF READING**
Solfrid Otterholm, James Manley
**DESIGN**
Blank Blank
**TRYKK · PRINTING**
Balto Print

**OPPHAVSRETT · COPYRIGHT**
Katalog © Bergen Kunsthall · Catalogue © Bergen Kunsthall
Tekster © forfatterne · Texts © the authors
Bilder · Images © Cerith Wyn Evans og / and Bergen Kunsthall
2011 — Bergen Kunsthall

ISBN 978–82–93101–03–1

**FOTOGRAFI · PHOTO**
Thor Brødreskift:
Omslagets inside · inside of cover,
Grieghallen concert hall, Bergen (19–24),
Installasjonsfoto · installation photos,
Bergen Kunsthall (52–67, 76–87).

Petri Henriksson:
Installasjonsfoto · installation photos,
Bergen Kunsthall (51, 72–75).

Cerith Wyn Evans:
Bilder · images (6–7, 30–45).

**VERKLISTE · LIST OF WORKS**
*S=U=P=E=R=S=T=R=U=C=T=U=R=E ("Trace
me back to some loud, shallow, chill, underlying
motive's overspill…"),* 2010. Dimensions variable.
Courtesy of the artist and White Cube, London.

*Untitled (Flute Piece Incarnation Bergen Kunsthall),*
2011. Mixed media installation. Dimensions variable.
Courtesy of the artist and White Cube, London.

*Un coup de dés jamais n'abolira le hazard,* 2009.
22 perforated book pages, framed, each 54 x 45,3 cm.
Courtesy of the Speck Collection, Cologne.

*Elective Affinity,* 2010.
Neon. 28,1 x 343,9 cm. Courtesy of
the artist and White Cube, London.

**TAKK TIL · ACKNOWLEDGEMENTS**
Cerith Wyn Evans & Bergen Kunsthall
ønsker å takke · wishes to thank:
Lars Bang Larsen, Pascale Berthier, Charles Kerr, White Cube,
Danae Mossman, Einride Torvik, Stein-Inge Århus,
Steinar Sekkingstad, Karen Skog, Stefan Törner, Iver Sandøy,
Knud Young Lunde, David Augusto Rios Alomia,
Solfrid Otterholm, Hilde Marie Pedersen, Mai Lahn-Johannessen,
Helene Lazaridis, Gustav Birkeland, Susanna Kajermo Törner,
Tarik Hindic, Silja Grimstad, Speck Collection, Galerie Neu,
Alexander Schröder, Galerie Daniel Buchholz, James Manley,
Egil Fredheim, Irene Bradbury, David Bussel, Tom Foulsham,
Scott Martin, Natalie Lazarus, Nigel Schofield, Dusty Sprengnagel,
Christopher Müller, Frank Priebitz, Anna Mikkola, Petri
Henriksson, Bjørnar Skutlaberg (AVAB CAC), Thor Brødreskift
og alle sponsorer og bidragsytere / and all sponsors and
funding partners.

Rasmus Meyers allé 5, N-5015 Bergen, Norway
+47 55559310, bergen@kunsthall.no
www.kunsthall.no

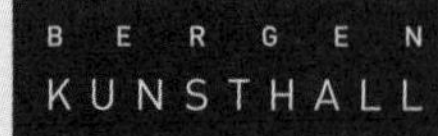

# INNHOLD · CONTENT

# Å SYNLIGGJØRE UNDERTONENE

AV SOLVEIG ØVSTEBØ

Cerith Wyn Evans avslutter samtalen i denne boken med invitasjonen: «Kom og bli med til dette stedet. Bli med meg til dette motsetningenes sted».

Erkjennelsen om at det ikke finnes gitte løsninger, avklaringer eller riktige spor kan være et godt utgangspunkt for møtet med Cerith Wyn Evans kunst. Gjennomgripende arkitektoniske installasjoner omslutter betrakteren og fører henne inn i en polyfoni av ulike rom- og tidsoppfatninger der lys, lyd og bevegelse spiller i takt eller utakt- alt ettersom hvor man posisjonerer seg. Motsetningene er ikke på forhånd definert eller ryddig stilt opp slik at det blir tydelig for oss hva som opponerer mot hva. Alt innehar det ene like mye som det andre. Cerith Wyn Evans opererer med soner som «blør» over i hverandre. De kan ikke holdes adskilt: Kropp og intellekt. Rom og tid. Objekt og subjekt. Liv og kunst.

Bergen Kunsthall er svært glade for å kunne presentere Cerith Wyn Evans for første gang i Norden med en rekke nye arbeider spesielt produsert for kunsthallens saler. På sin helt distinkte og presise måte har Evans også her tatt utgangspunkt i den eksisterende arkitektur. «Scenografien» er enkel og minimalistisk men like fullt mangefassettert og altomfattende der immaterielle størrelser som varme, lyd og glødende lyskilder fyller sanseapparatet. Erfaringen blir større enn verkene selv og ekspanderer slik deres fysikalitet. Men Cerith Wyn Evans kunst er polyfon på flere måter. De mange assosiasjonene og referansene som dannes av hans karakteristiske sitering og rekontekstualisering av kulturelle ikoner, vibrerer under overflaten som nesten umerkelige undertoner som du kan velge å lytte til eller la være. For Wyn Evans selv er disse tonene uløselig knyttet til hele hans kunstneriske prosjekt og han lar konvensjonelle motsetninger mellom sansning og tenkning fungere i sameksistens.

Denne boken eksemplifiserer med sine to forskjellige tekster at det finnes et utall inngangsporter til, og lesninger av, Cerith Wyn Evans kunst. I teksten «Notater om lys» fokuserer Lars Bang Larsen på lyset som en kulturhistorisk størrelse. Gjennom referanser til moderne filosofi, kunst og populærkultur, reflekterer han omkring hvordan lys (naturens eget eller frembrakt av elektrisitet) har påvirket vår verdensoppfatning og til tider vært avgjørende for menneskelig handling. «En ny lyskilde har merkverdige midlertidige virkninger som fjerner den fra nåtiden», skriver Bang Larsen blant annet—en problemstilling som fort kan knyttes til Wyn Evans glødende lyssøyler og neonarbeider. Bang Larsens tekst referer likevel kun til kunstneren i form av sporadiske fotnoter, et grep som holder fokuset på fenomenet lys, men som via en slags intertekstualitet (en undertekst) betoner assosiasjoner og konnotasjoner rundt Wyn Evans arbeider. I katalogens andre tekst er imidlertid verkene i utstillingen mer eksplisitt i fokus. I en samtale mellom kunstner og kurator, settes vi grundig inn i kunstnerens egne betraktninger omkring kunst- og utstillingsproduksjon. Utstillingen forblir likevel uten konklusjon og uten tittel. Gjennom en kombinasjon av anekdoter, poetiske koblinger og vitenskapelige perspektiver trekker i stedet Cerith Wyn Evans oss enda lenger bort fra det definerte og fastlagte.

# EXPOSING THE UNDERTONES

BY SOLVEIG ØVSTEBØ

Cerith Wyn Evans finishes the conversation in this book with the invitation: "Come with me into this place. Come with me into this place of contradictions."

The recognition that there are no given solutions, clarifications or true paths can be a good point of departure for the encounter with Cerith Wyn Evans' art. Consummate architectural installations surround the viewer and guide her into a polyphony of different perceptions of space and time where light, sound and motion play together in time or out of time—all depending on where you position yourself. The contradictions are not pre-defined or neatly set up so that it becomes clear to us what opposes what. Everything involves one thing as much as another. Cerith Wyn Evans operates with zones that 'blur' into one another. They cannot be kept separate. Body and intellect. Space and time. Object and subject. Life and art.

Bergen Kunsthall is very pleased to present Cerith Wyn Evans for the first time in Scandinavia with a series of new works especially produced for the rooms of Bergen Kunsthall. In his quite distinctive and precise way Evans has here too taken his starting point in the existing architecture. The 'stage design' is simple and minimalistic but just as multifaceted and all-embracing where non-material entities like heat, sound and incandescent light sources fill the sensory apparatus. The experience becomes bigger than the works themselves and expands like their physicality. But Cerith Wyn Evans' art is polyphonic in several ways. The many associations and references that are formed by his characteristic quoting and recontextualization of cultural icons vibrate beneath the surface as almost imperceptible undertones that you can choose or refuse to listen to. For Wyn Evans himself these tones are inextricably bound up with his whole artistic project and he lets conventional antitheses between sensing and thinking function in coexistence.

With its two different texts, this book exemplifies how there is a huge variety of gateways into and readings of Cerith Wyn Evans' art. In the text "Notes on Light" Lars Bang Larsen focuses on light as a phenomenon in cultural history. Through references to modern philosophy, art and popular culture, he reflects on how light (nature's own or produced by electricity) has influenced our view of the world and has sometimes been crucial to human action. "A new light source has strange temporal effects that remove it from the present (...)" writes Bang Larsen—an issue that can quickly be tied in with Wyn Evans' glowing light columns and neon works. All the same, Bang Larsen's text refers to the artist only in the form of sporadic footnotes, a device that keeps the focus on the phenomenon of light, but by way of a kind of intertextuality (a subtext) stresses associations and connotations surrounding Wyn Evans' works. However, in the second text of the catalogue, a conversation between the artist and the curator, it is precisely the works in the exhibition and the artist's reflections on art- and exhibition-making that are the main focus. The exhibition still remains without a conclusion and without a title. Through a combination of anecdotes, poetic associations and scientific perspectives Cerith Wyn Evans instead transports us even further away from the defined and the fixed.

# NOTATER OM LYS

AV LARS BANG LARSEN

## 1876: DESILLUSJON

Vi kjenner det løftet om lys som religionen og filosofien har opphøyet og skapt metaforer til. For bare å nevne et eksempel som nå er glemt: En av proto-sosialisten Charles Fouriers spekulasjoner gikk ut på at opprettelsen av et nytt samfunn bygd på lidenskapelig tiltrekning ville ha en positiv innvirkning på planetene og blant annet rette opp Jordens skjeve akse. Så når menneskeheten har kvittet seg med prestenes og filosofenes åk og realisert behovet for å verne om alt som kalles umoral, vil den ha gjenerobret Harmonias førstefødselsrett på et kosmisk plan. Når Jordens frigjorte befolkning har opparbeidet kloden til den 65. parallell, vil de bli vitne til dannelsen av Nordkronen, Jordens evige lys-show:

> Nordlyset vil opptre oftere, det vil ha fast tilhold over polen og bre seg i en ring eller krone. Den kreative væsken [som gir opphav til nordlyset som et symptom på at planeten er stivnet i gamle former], vil få et nytt særpreg og formidle varme i tillegg til lys. Kronen vil være så stor at et eller annet punkt på den alltid er i kontakt med solen, for dens stråler må til for å antenne ringens ytterkanter. Altså må den alltid kunne vende en bue mot solen, også når jordaksen står som skjevest. Nordkronens innflytelse vil være så sterk at den kan føles over en tredjedel av halvkulen. Man vil kunne se den i St. Petersburg, Okhotsk og langs hele den sekstiende breddegrad. Varmen, som vil tilta, vil kunne merkes derfra og til polen, som kan nyte godt av temperaturer som dem man nå finner i Andalucía og Sicilia.[1]

Og så videre. Kronens påvirkning vil også forhindre atmosfæriske ytterligheter og «forandre havets smak og fordrive eller felle ut asfaltholdige partikler ved å spre *boreal sitronsyre*. Sammen med salt vil denne væsken gi havet en smak som minner om den brusen som kalles aigresel.»

Lys er affektiv smitte. Men det kan også gi falske løfter om ekstase i etterkant av et øyeblikks strålende fremtreden, men når det kommer til stykket er det besudlet med den samme tregheten som for Kant er affektens egen ettervirkning.[2] Slik skuffelse finner sitt historiske korrelat i en forestilling som også pleide affektet, og det før kinoens tid, nemlig Wagners Bayreuth. For Nietzsche var dette en spesifikt moderne etterligning av det transcendentale: «Det første så altfor lumske og altfor vellykkede eksemplet på hypnose ved hjelp av musikk.»[3] I forkant av de første oppføringene av *Ringen*

> [...] hadde det vært så mye snakk om teknologiske underverker at det ikke var til å unngå at man ble skuffet. Desto større ble skuffelsen fordi det som oftest sviktet, var de nye sceneeffektene. Den magiske ilden – egentlig gasstråler – fremsto verken som magisk eller som ild. Hos kritikeren Hanslick vakte regnbuebroen forestillinger om en 'sjufarget pølse'. *Ringens* dyreverden, især draken, vakte forlegenhet. Laterna magica-bildene av valkyrjenes ritt kunne bare skjelnes av dem som satt rett ved scenen.[4]

Wagner hadde gardert seg med atskillelsen mellom scene og publikum. Lyset på scenen og mørkleggelsen av resten av teateret ville gjøre at scenen fremsto som et strålende, frittstående rektangel: En teatralsk innretning som skulle fange publikums oppmerksomhet og betvinge deres sanseerfaring. Men iallfall denne gangen løp det ut i sanden på ikke helt operaaktig maner.[5]

Det moderne menneske stuper inn i mengden som inn i et reservoar av elektrisk energi. Dette moderne subjektet, sier Walter Benjamin, er et «kaleidoskop utstyrt med bevissthet,» en subjektivitet konstruert som en reaksjon mot den innfløkte opplæringen som teknologien begynte å påtvinge menneskets sanseapparat[6]. Benjamin konkluderer med at «med filmen fant sjokklignende sanseerfaringer virkelig sin rolle som formelt prinsipp.»[7]

En opera er ikke film. Den er vesentlig mer overdrevet, *altfor* overdrevet. Burde den ikke da formidle den moderne sjokkopplevelsen på en mer kraftfull måte? Det er kanskje på dette området operaen er en skuffelse. Den er et blodslit for alle berørte parter. For mye kropp, for arkaisk, for fortellende, for rørete ... (Det ubehjelpelige sammenfallet av musikk og fortelling åpner selvsagt store estetiske muligheter for kunstnere som på den riktige måten er mottakelige for slikt. For Öyvind Fahlström var opera «et fristende Eldorado for poesi og villskap [...] Tortur med belcanto i Tosca.»)[8]. Opera er som en annen overvektig aristokrat der den stritter imot det moderne livs timelighet – sjokkopplevelsen slik den utfordrer nervesystemet med signaler som skifter fra det ene øyeblikket til det neste – med sine myter og storstilte livslede. Sjokket fra det nye krever et begrepsmessig rammeverk for dets følelsesmessige og intellektuelle virkning: Filmviserens ene lysstråle som kirurgisk gjengir industriens og kapitalens abstrakte vold, er i stand til å påføre tanken et sjokk og formidle svingninger til hjernebarken samtidig som den berører nervesystemet og hjernen direkte.[9]

Når det gjelder den fullt opplyste Jorden, finnes det ikke noe fornuften ikke kan eller burde utrette. Men når fornuften blir en altomfattende mellommann, hva er da til hinder for at den blir som pengene, som alt annet er et motstykke til? Det finnes med andre ord ikke noe mørkere eller mer mytisk miljø lyset kan føre oss gjennom. «For femti år siden i London», skriver Aldous Huxley,

> var elektriske takreklamer noe nytt og spennende, og så sjeldne at de skinte gjennom tåkemørket 'som store juveler i et halskjede.' På den andre siden av Themsen, på det gamle Shot Tower, var bokstavene i gull og rubiner magisk skjønne – une féerie. Nå er feene borte. Neonlysene er overalt, og siden de finnes overalt, har de ingen virkning på oss, ikke annet enn at de kanskje gjør at vi lengter nostalgisk etter urtidens natt.[10]

En ny lyskilde har merkverdige midlertidige virkninger som fjerner den fra nåtiden. Den virker ikke tilvent, i motsetning til de lyskildene historien har dimmet, så som olje og voks, gass og kulltråd – eller fra vårt ståsted sett: Neon. Neonlysene er ikke lenger allestedsnærværende, og de er ikke lenger et symbol på *ersatz*-opplevelser (the neon God, og alt det der). Hvis man ikke kan håpe på en ny-fortryllelse, så kan kanskje neonets anakronistisk nynnende lysrør nå konkretisere det tapet vi fortsatt lider under på vår fullt opplyste planet.[11]

## 1970: PLASMA

På slutten av 1960-tallet var København kjent for de mange gruppene som arbeidet med psykedeliske lysorgelforestillinger. Navnene på gruppene varierte fra det forholdsvis opplagte (Zodiac, Libido, Stony Flash), det alkymistiske (Limfjorden I/S, Vomit 13), til det overstadige (Lysholmortensen, Lucifer Lighthouse, Panta Rei Light Art, Potlatch, Camelius Mørks Dynamostråle). I tillegg til å være en kunstform som var åpen i tid, var produksjon og iscenesettelse av lys til lokale og internasjonale rockeband gjerne en gruppeoppgave der det indi-

viduelle opphav ble visket ut av noe strålende kollektivt.

Og hangen til selvorganisering gikk lenger. I 1970 grunnla den politiske ungdomsorganisasjonen Det Ny Samfund så den ikke-kommersielle enheten Foreningen for Musik og Lys som skulle koordinere rockeband og lysgrupper. Med kontor i Huset i Magstræde, et utstillingssted, visningssted for konserter og et sted å være for Undergrunnen, besto Musik og Lys av omkring 120 rockeband og 35 lysgrupper, og de representerte ifølge en journalists beregninger «rundt 80 % av det danske beat- og lys-miljøet.» I 1971 åpnet en avdeling i Århus, Danmarks nest største by, så man kunne organisere landsdekkende turneer og arrangementer.[12]

Lysgruppenes virksomhet kretset i hovedsak om konserter og festivaler (enten på steder som Falconercentret eller Konsertsalen i Tivoli, eller på ungdomsklubber, idrettsplasser eller til og med fengsler, samt i parker og på gårder). Lysholmortensen laget lys til alternative gudstjenester, og lysgrupper var til stede ved kunst- eller multimedia-arrangementer ('Boom-ins'). Omtrent femten lysgrupper opptrådte ved begivenheten *Lys i Helligånden*, som fant sted i Helligåndskirken i april 1971, der de vendte opp ned på det vante hierarkiet mellom musikk og lys og lot publikum prøve seg på projisering.[13] Undergrunnen permuterte i den grad at en ballett, *De Homine Urbano*, ble oppført ved Det Kongelige Teater i 1970, med lyssetting av Tezcatlipoca, kostymer av Per Arnoldi og et «djevelsk akkompagnement» ved bandet Ache.[14] Siden psykedeliske lysgrupper hadde organisert seg i Musik og Lys, kunne de fritt bevege seg mellom musikkfeltet og finkulturens institusjoner som ikke hørte med til 'bevissthetskretsen'.

Som tidsbasert, filmisk kunstform var nok lys-showet mer et symptom på psykedelisk-estetisk ideologi enn reklame for acid rock (som vanligvis kan leses stilistisk). Det var grensesprengende og krysset med fullt overlegg alle figurative skillelinjer. Det fantes ingen scene som kunne sette grenser for det, ingen skjerm som avgrenset det. I stedet for å fiksere eller kontrollere blikket oppmuntret det til atspredelse av oppmerksomheten ved at det


1 Charles Fourier: *The Theory of the Four Movements*. Cambridge 2008 (1807), side 47–50.

2 Fra Theodor Adorno og Max Horkheimer: *Dialektik der Aufklärung*, 1988 (1944), side 103.

3 Fra Jonathan Crary: *Suspensions of Perception. Attention, Spectacle and Modern Culture*. Massachusetts 1999, side 252, der det henvises til Nietzsches *Der Fall Wagner* (1888).

4 Fra Crary (samme), som henviser til Frederic Spotts: *Bayreuth: A History of the Wagner Festival*. New Haven 1994, side 74. Sitert i Jonathan Crary, op.cit., side 255.

5 Skuffelse og mortalitet er en vesentlig del av et annet av lysets medier – fyrverkeriet. I Wyn Evans' verk blir språket en unnvikende begivenhet når det antennes. For eksempel *Firework Text (Pasolini)* (1999), der et sitat av filmmakeren Pier Paolo Pasolini skrives med pulver og antennes som en flyktig sankthansorm.

6 Walter Benjamin: «Om nogle motiver hos Baudelaire» (1936), i Walter Benjamin: *Fortælleren og andre essays*. København 1996, side 149. Oversatt fra forfatterens engelske versjon.

7 Op.cit. Oversatt fra forfatterens engelske versjon.

8 Öyvind Fahlström: «Efter happenings», i Fahlström: *Om livskonst o.a.*, Stockholm 1970, side 44.

9 Jeg parafraserer Gilles Deleuze: *Cinema 2: The Time-Image*, London 1989 (1985), side 156.

10 Aldous Huxley: *Heaven and Hell*. London 2004 (1956), side 77.

11 Neon er et av Wyn Evans' yndlingsmaterialer, noe han for eksempel benytter i slike arbeider som *In Girum Imus Nocte et Consumimur Igni* (2006), en latinsk palindrom som betyr «vi går rundt og rundt i natten og fortæres av ild,» (også tittelen på Guy Debords siste film fra 1978). I *Elective Affinity* (2010) har Wyn Evans bøyd til denne setningen fra William Burroughs' utklippseksperimenter i neon og plassert det på veggen: «Se på dette bildet, hvordan tar det seg ut for deg nå… Synes det å bli ved?» («Look at this picture, how does it seem to you now… Does it seem to be persisting?»). Wyn Evans forklarer at neonlysene står for hverdagens undertekster. Når det gjelder *Elective Affinities*, så spiller «underteksten» til det rommet der betrakteren befinner seg på det vedvarende fraværet av et bilde og språkets stemningsskapende kraft. Den antyder at språk kan mutere og bli et bilde, og omvendt, eller at en forandring er nær forestående – om enn bare en endring hva blikkretningen angår.

12 '-lip': «Kærlig hilsen Musik og Lys». *Information*, 4. april 1971. I *Eksperimentalfilm i Danmark* anslo Helge Krarup og Carl Nørrested antallet danske lysgrupper til hele 64 grupper og enkeltpersoner.

13 Se for eksempel Helge Krarups anmeldelse «Lys i Helligånden», *Information*, 28. april 1971, der han var lite imponert.

14 http://www.achesite.dk/ache1970.htm

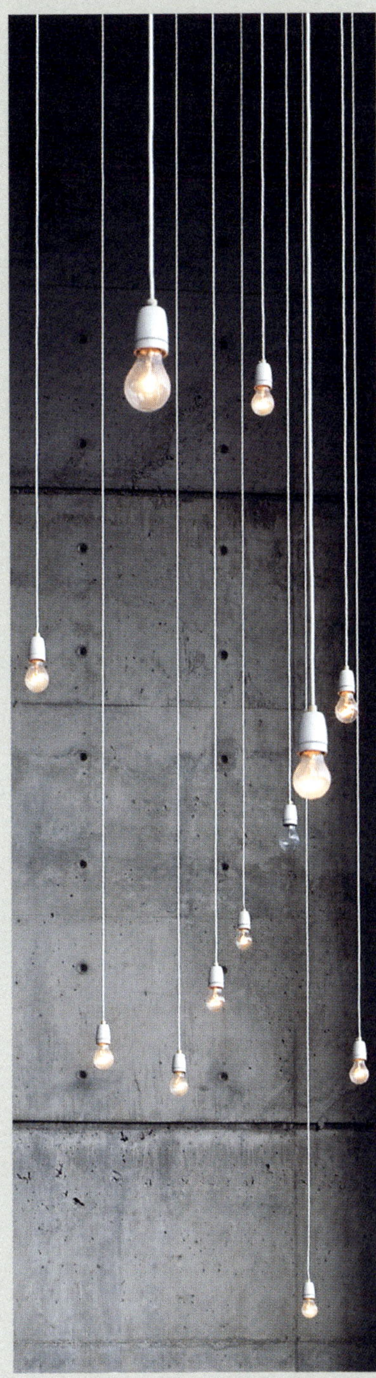

plasmaaktig som de dirrende klattene som ble projisert i lys-showene. De la seg ned, ga avkall på fokuserte visuelle krav til rommet, og handlingslammet og urørlige smeltet de sammen med andre på måter som allerede var seksuelle. Enten det foregikk innen- eller utendørs, så hadde folk med seg ulltepper, stearinlys og proviant for natten når de ankom rockekonsertene, der de la beslag på sin egen del av gulvet.[16]

## 1958: EVOLUSJON

Lysets autonomisering er usannsynlig. Lyspærer er ikke for å se på, men for at man skal se bort. Når man likevel ser på dem, er ikke lyset transparent og hygienisk mer. Hva er lys når det blir intransitivt og ikke skinner på noe som eksisterer?

21. desember 1958 skrev Brion Gysin i journalen sin:

> Fikk en transcendental storm av fargesyner på bussen til Marseille i dag. Den kjørte gjennom en lang allé, og jeg lukket øynene mot solnedgangen. En overveldende strøm av intenst strålende mønstre i overnaturlige farger eksploderte bak øyenlokkene: et flerdimensjonalt kaleidoskop som virvlet ut gjennom rommet. Jeg ble feid ut av tiden. Jeg var i en verden av grenseløse antall. Visjonen opphørte brått da vi hadde passert trærne. Var det en visjon? Hva var det som hendte meg?[17]

Denne transcendentale raptusen var det som fikk Gysin til å utvikle sin *Dreamachine*, en hjernebølge-simulator. Den er utformet med tanke på at man skal betrakte den gjennom lukkede øyne. Slik er den altså et lysapparat som stimulerer til unndragelse og introspeksjon heller enn avbildning og klargjøring. Ut fra prinsippet om at blafrende lys utløser en respons i form av hjernebølger består *Dreamachine* (slik matematikeren Ian Sommerville tegnet den) av en splittet pappsylinder som roterer på en grammofon med 78 rpm med en lyspære inni. Man ser på den med lukkede øyne, og blafringen treffer øyelokkene. «Visjonene begynner med et kaleidoskop av farger på et plan foran øyene, blir gradvis mer sammensatte og vakre og slår som bølger mot stranden til hele fargemønstre hamrer inn».[18]

Uttrykt på psykoanalysens språk: Drømmemaskinens oppgave er å henvende seg til stimulus-skjoldet. I *Jenseits des Lustprinzips* (1920) skriver Freud at bevissthetens oppgave ikke var å ta opp i seg og innpasse hukommelsesfragmenter, men å fungere som et vern mot overveldende kraftige stimuli.

> Det å beskytte seg mot stimuli er nesten viktigere for den levende organismen enn det å motta stimuli; organismen er utstyrt med et eget energiforråd og må fremfor alt sørge for å bevare de særlige energisammensetninger som finnes i den. Disse må vernes mot den nivellerende og ødeleggende innflytelsen fra de altfor store energier som arbeider utenfor den.[19]

Psykoanalysen forstår altså (traumatiske) sjokk som en konsekvens av at noe trenger gjennom stimulus-skjoldet. Dette er Henri Michaux' «milde nytelsessjokk» og William Burroughs' eksoskeletale insekt-karakterer for hvem subjektivitet er en hendelse på kroppens overflate. Når stimulus-skjoldet mobiliseres av narkotiske stoffers energiangrep, eller av drømmemaskinen, blir de ikke reinvestert i bevisstheten med tanke på å skape toleranse og vaner med tilstrekkelig beredskap for en dannet engstelse, men heller så de opptas i en fusjon med kreftene utenfra.

Blafringen representerer den stille rekkefølgen av lysets maskiniske spor. Men den stadige strømmen av lys er ikke mindre dialektisk. Når lyset ikke skinner fra et sentrum eller en harmonisk doktrine – en Gud, en sol – opphører dets rolige og uavbrutte strøm å bære bud om transcendens og blir like mangetydig og disjunktivt som en stroboskopisk granatsplinter. Væsker er ikke mindre skadelige enn fragmenter:

> Dermed kan man aldri være sikker på at de ideelle væskene til en organisme uten deler ikke er bærere av parasittisk mark, deler av organer, fast føde og avfallsstoffer. Det er faktisk sikkert at skadelige krefter sørger for å gjøre god bruk av væsker og insufflasjoner for å tilføre kroppen fragmenter av lidenskap.[20]

Slik finnes det like mye mortalisme som vitalisme i lys, like mye verdslig smerte som transcendentale stormer.[21]

Med *Dreamachine* befinner vi oss så å si mellom Antonin Artaud og Lewis Carroll og de forskjellige måtene deres

ble projisert opp på veldige lerreter av arkitektonisk størrelse, eller på vegger og tak for å viske ut forskjellen mellom gulv og scene, band og publikum, mennesker og arkitektur, lys og musikk, og mellom visningsstedets interiør og den planetariske utsiden. Da Zoot Money opptrådte i København i 1967, var bandet kledd i hvitt og spilte på hvite instrumenter for å fremstå som lerreter for den lysorgel-forestillingen Dandelion Chariot arrangerte.[15] Atmosfæren ved disse opptredenene var så kosmisk at publikum ble like respektive verker fordeler affekt og «legemlige ting» på. Dens blafringer er ikke bare en projisering av lys på legemer, men også et forsøk på å trenge gjennom dem, å åpne dem – et forsiktig hugg. Deleuze pukker på kontrasten mellom Lewis Carroll «som overflatenes mester og landmåler», overflater der grammatikk og paradokser utspiller seg, mens overflatene hos Artaud klapper sammen i schizofren forståelse av at kroppen i sin helhet ikke er noe annet enn dybde. Psykedelisk utløsning av mening og affekt ligger på overflaten idet den gjennomtrenges: i sårets obskøne vitalitet. Så blafringen spiller på både overflate og dybde, og den evakuerer subjektet på samme tid som den høyner det.

Er du ikke tilfreds med å lide ad den normale evolusjons vei, så gjør deg klar til et sprang i Vannmannens grenseland. Igjen er det Gysin som gjør bruk av de samme juvelprydede metaforene som Huxley:

> En Rede Ape traff bakken, og sammenstøtet banket et ord ut av ham. Kanskje led han av en halsinfeksjon. Han snakket. Dette ordet ble hans tilblivelse. Han så seg om og så verden med andre øyne. Fargene er klarere og mer intense – om natten skinner trafikklysene som gigantiske juveler. Apen ble menneske. Man må da kunne bli noe mer enn et menneske.[22]

Evolusjonens drøm åpner opp menneskekroppen slik vi kjenner den, og i samme slengen stiller den menneskehetens historie i skyggen. Den setter andre intelligenser i sving for å nå en høyere grad av våkenhet som kan gi sinnet et oversiktsbilde og fuglens eller flyets hastighet fra sted til sted… Hvem bryr seg vel om reform eller revolusjon når man ved hjelp av en smule kosmisk finstemthet kan nå det neste evolusjonære stadiet og en ny måte å *vite* på?

I bestselgeren *Le matin des magiciens* (1960) siterer Louis Pauwels og Jacques Bergier vitenskapelig forskning om at radioaktive stoffer kan være ansvarlig for en gradvis økning i befolkningens psykiske evner og skriver at «Vi er vitne til at en myte blir til: den om mutanten.»[23] De spekulerer i muligheten for at mennesket kan gjennomgå en kontrollert genetisk mutasjon, men ikke bare det: «Med eller uten mutasjon må vi tenke oss et annet slags menneske hvis vi vil at fenomenet Menneske skal komme på linje med den retningen vår skjebne nå har slått inn på. Fra nå av er det ikke lenger et spørsmål om pessimisme eller optimisme: Det er et spørsmål om kjærlighet.»[24] Med andre ord: *Vi må forandre oss* – ikke bare våre sosiale forhold og politiske institusjoner, men selve ontologien vår på celle-nivå, til en ufattelig kjærlighet.

Det er et åpent spørsmål om troen på evolusjonær forvandling er vårt beste våpen mot rasjonalistisk aggresjon. Selv om mutanten betraktes som en minoritetsfigur – et utskudd, en kosmisk omstreifer, en ny art – og derfor legemliggjør toleranse overfor noe Annet, så er ingenting til hinder for at den er en halvgud, en kjempe, et supermenneske (kanskje ikke annet enn at man finner tonen og deler positive vibber). Med andre ord: En new age-diskurs om mutanter er ikke bare rettet mot fremtidig forvandling, men klar til å slå tilbake som nostalgisk lengsel etter et rent DNA. Adorno sier at både astrologi og andre irrasjonale trosretninger, som for eksempel rasisme, tilbyr en snarvei ved å forenkle det innfløkte til «en grei formel».[25] Selv om den antiautoritære ufornuft ikke er enig i menneskets gjengse levesett, er det fare for at den vil skape nye former for avhengighet i midtsjiktets underkastelse under ritualer og uutgrunnelige kosmiske lover.

## P.S. 2011: 0,10

Ingenting er nødt til å skje. Men i så fall er det også et imperativ: Ingenting *må* skje. Det er når man arbeider med lys at man får lyst til å treffe nullpunktet, men man klarer bare 0,10… En så marginal forhøyelse eller misforhold er da ikke så ille. Denne desimalen kan være en opphevelse av tiden og de altfor lysende tankene om forvandlingen, eller til og med negasjonen av menneskekroppen. Når begjæret oppløses, frigjøres det og antar lyskasterens vertikale form der den bomber fremtiden med sin nynning.


15  Peder Bundgaard: *Lykkens Pamfil. Dansk rock fra 60'erne til 70'erne*, København 2005 (1998), side 173.

16  Cerith Wyn Evans' verk avgir naturligvis ingen hippie-vibber. For det første er verkets fokus på det språklige altfor rigorøst og teoretisk til at det kan settes i bås med motkulturens kunstformer fra 1960-tallet. Men den eggende og litt melankolske midlertidigheten som preger installasjonene hans, kan nok føre tanken hen på de psykedeliske lysorgelforestillingenes historiografi. De var like drømmeaktige og flyktige som de var monumentale i øyeblikket, og selv folk som ikke syntes det var en vederstyggelighet å dokumentere en tidsbasert kunstform, hadde ikke raffinert nok utstyr til å filme en lysorgelforestilling i en mørklagt konsertsal. Man sitter bare igjen med noen få fuktige lysbilder, brokker av 16 mm film, filtre og etter hvert utdaterte fremvisere som kan gi oss en idé om hvordan det hele tok seg ut. De psykedeliske lysorgelforestillingene var tro mot den begjærets forskrudde midlertidighet som de projiserte og var bare til for å la oss vite at det for alltid er forbi.

17  Brion Gysin: «Dreamachine» i Paul Cecil (red.): *Flickers of the Dreamachine. The Definitive Headbook*, Hove 1996. Ingen sidetall.

18  Brev fra Ian Sommerville til Brion Gysin, op.cit. *Dreamachine* er sitert i Wyn Evans' eponyme installasjoner som presenterer versjoner av Gysin og Summervilles oppfinnelse, montert sammen med små palmer (som på sin side trolig er et sitat fra Marcel Broodthaers' verk *Jardin d'hiver* fra 1974). Dreamachine-installasjonene virker litt forlatte siden ingen sitter foran dem med lukkede øyne. Her blir blafremaskinen nærmest en slags tidsmaskin som har strålt sine betraktere over i andre dimensjoner.

19  Fra Walter Benjamin: «Om noen motiver hos Baudelaire», i: Kittang, Linneberg, Melberg, Skei (red.), *Moderne litteraturteori. En antologi*, norsk oversettelse av Torodd Karlsten, Oslo 2003, side 320.

20  Gilles Deleuze: *Logic of Sense*, London 2004 (1969), side 101.

21  Selv i sin stofflighet trosser lyset vannrettheten. Det kan umulig forstås som et utgangspunkt, bare som en opphevelse, en $O=V=E=R=B=Y=G=N=I=N=G$

22  Gysin, op. cit.

23  Louis Pauwels og Jacques Bergiere: *The Morning of the Magicians*, London 1963 (1960), side 292.

24  Op. cit., side 303–4.

25  Theodor Adorno: «The Stars Down to Earth», i Stephen Crook (red.): *Theodor Adorno: The Stars Down to Earth*. London 2002 (1994), side 61.

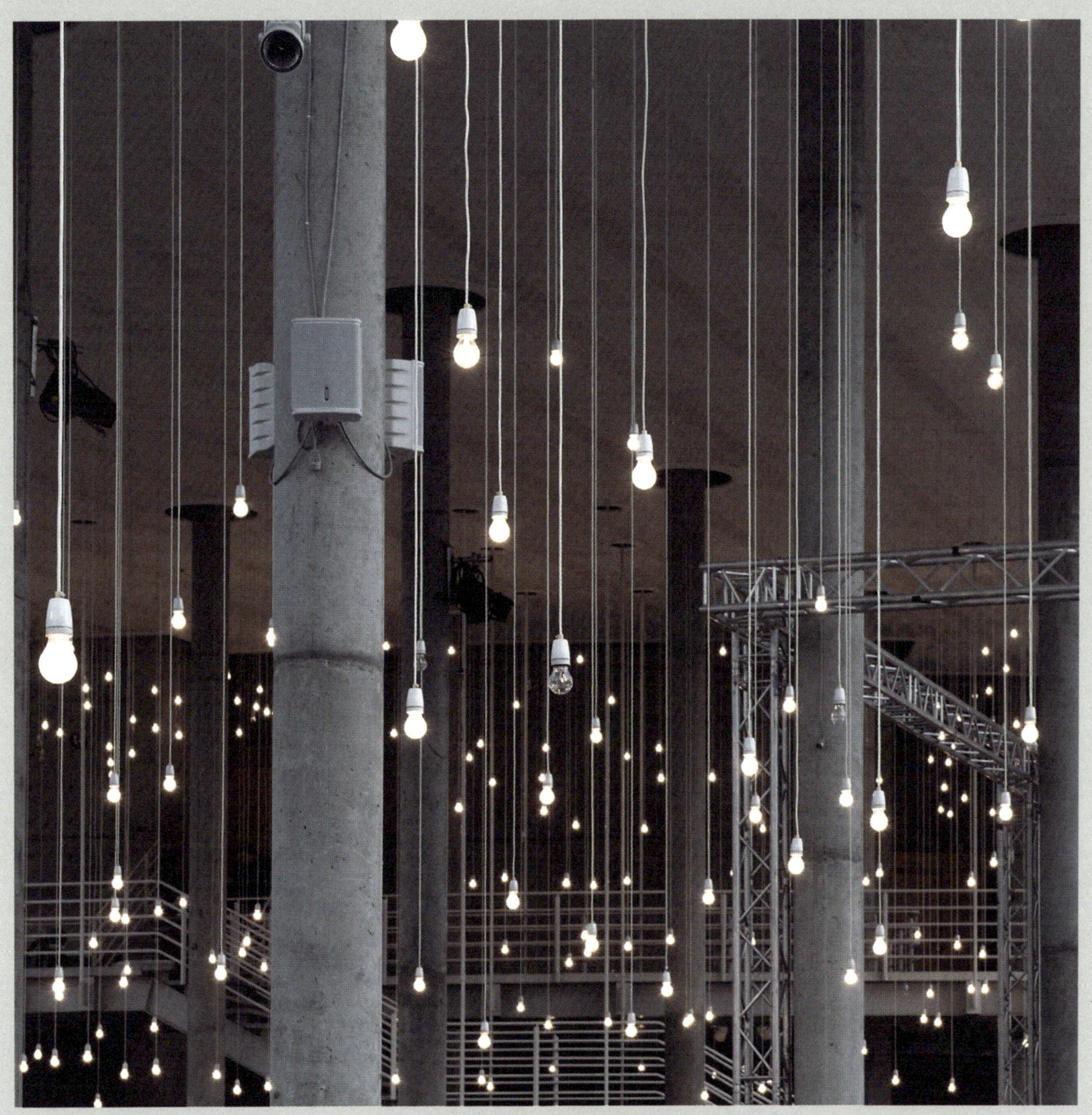

# NOTES ON LIGHT

BY LARS BANG LARSEN

### 1876: DISENCHANTMENT

We are familiar with the promise of light as it has been metaphorized and exalted by religion and philosophy. To take a now forgotten example, the proto-socialist Charles Fourier speculated that the inauguration of a new society based on passionate attraction would have a beneficial planetary influence, fixing—among other things—the Earth's equatorial tilt. Thus when humankind has thrown off the yoke of priests and philosophers and realized the need to protect everything that is called vice, it will have reclaimed its Harmonian birthright on a cosmic scale. When Earth's emancipated population have cultivated the globe as far as the 65th parallel, they will see the formation of the Northern Crown, Earth's permanent light show:

> The aurora borealis will occur more frequently, will be fixed over the pole and will broaden out into a ring or crown. The creative fluid [which causes the Northern Lights as a symptom of the planet's being in a rut], will acquire an additional characteristic and distribute heat as well as light. The crown will be large enough for some point always to be in contact with the sun, whose rays will be necessary to ignite the outside edge of the ring; it must therefore always be able to present an arc to the sun even when the earth's axis is at its greatest inclination. The influence of the northern crown will be powerful enough to be felt across a third of the hemisphere; it will be visible in St. Petersburg, Okhotsk and along the entire sixtieth parallel. The heat, which will increase, will be felt from there to the pole, which will enjoy the sort of temperatures currently characteristic of Andalucia or Sicily.[1]

And so on. The Crown's influence will also prevent atmospheric extremes and "change the taste of the sea and disperse or precipitate bituminous particles by spreading *boreal citric acid*. In combination with salt, this liquid will give the sea a flavour of the kind of lemonade known as aigresel."

Light is affective contagion. But it can also be a deceitful ecstatic promise, preceded by a momentarily radiant appearance but ultimately tainted with the sluggishness that to Kant is a repercussion of affect itself.[2] Such disappointment finds its historical correlate in a pre-cinematic spectacle of affective management, Wagner's Bayreuth. To Nietzsche, this was a specifically modern counterfeiting of transcendence: "the first example, only too insidious, only too successful, of hypnotism by the means of music".[3] For the early performances of the *Ring*,

> [...] there had been so much talk beforehand about technological wonders that a let-down was inevitable. It was all the greater because the novel stage-effects were what most often failed. The magic fire — gas jets in fact — seemed neither magic nor fire. The rainbow bridge put the critic Hanslick in mind of a 'seven colored sausage.' The *Ring* zoo, especially the dragon, aroused embarrassment. The magic lantern slides portraying the ride of the Valkyries could be deciphered only by those close to the stage.[4]

Wagner had hedged his bets on the dissociation of stage and audience. The brightness of the stage and the darkness of the rest of the theatre would make the stage seem like a luminous detached rectangle: a theatrical apparatus to compel the gaze of the audience and control their sensory perception. But on this occasion, at least, it all fizzled out in a less than operatic manner.[5]

Modern wo/man dives into the crowd as if into a reservoir of electric energy. This modern subject, Walter Benjamin says, is a "*kaleidoscope* equipped with consciousness," a subjectivity constructed in response to the complicated training that technology began to force upon the human sensory apparatus.[6] Benjamin concludes that "through film, the shock-like sensory perception came into its own as a formal principle"[7].

Opera is not film. It is much more excessive, *too much*. So ought it not convey the shock experience of the modern in a more emphatic way? Perhaps this is where opera disappoints. It is hard work for everybody involved; too much body, too archaic, too narrative, too messy... (Of course, the awkward combination of music and narration offers great aesthetic possibilities for the artist who is correctly tuned in; to Öyvind Fahlström, opera was "a tempting Eldorado for poetry and madness [...] Torture with belcanto in Tosca.")[8] Like an overweight aristocrat, opera resists the temporality of modern life—the shock experience as a challenge to the nervous system with signals that change from instant to instant—with myth and grandiose ennui. The shock of the new needs a conceptual framework for its emotional and intellectual impact: the single light beam of the film projector, surgically reproducing the abstract violence of industry and capital while being capable of producing a shock to thought, communicating vibrations to the cortex, and touching the nervous and cerebral system directly.[9]

On the fully illuminated Earth, there is nowhere reason cannot or should not

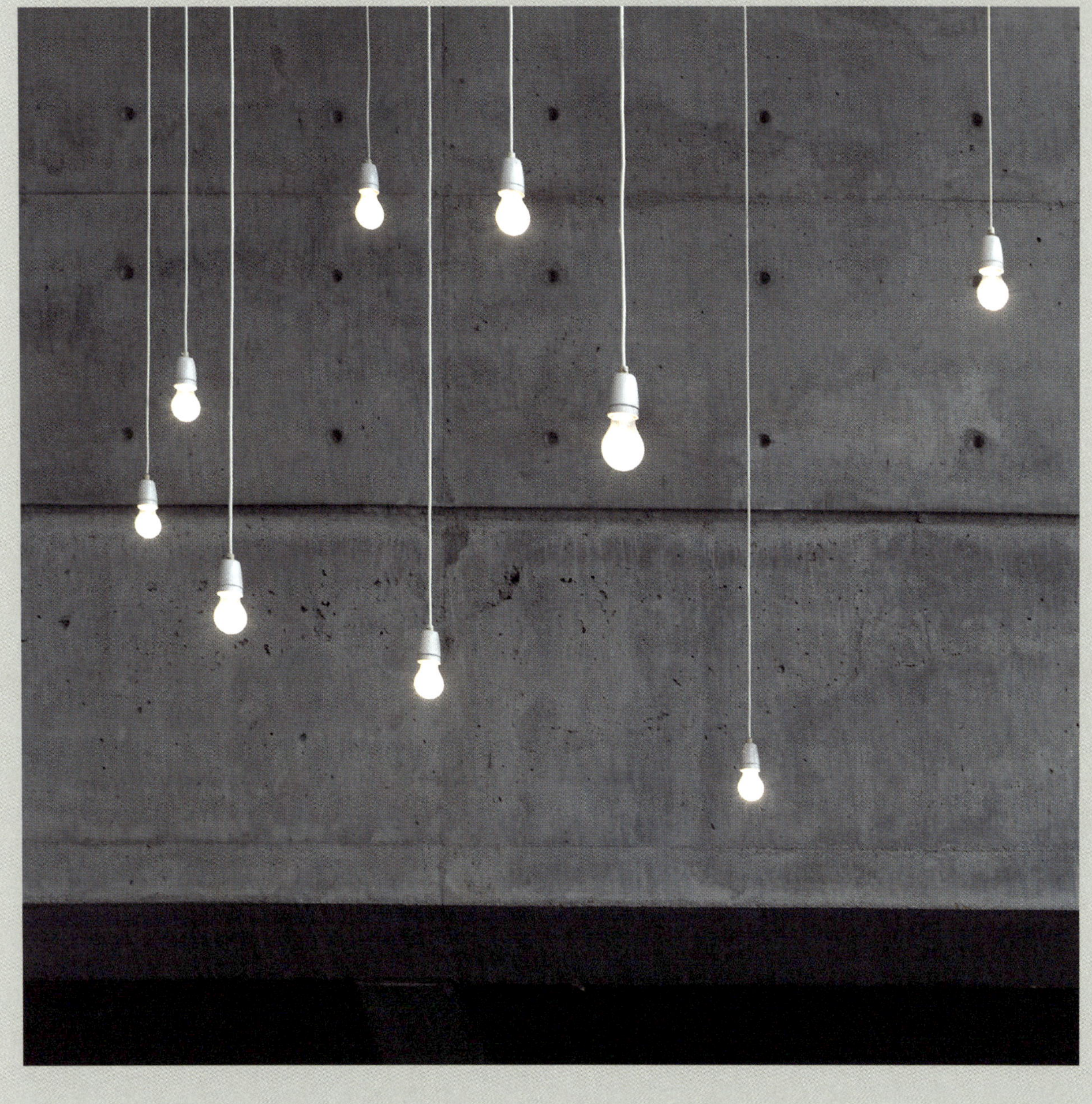

1   Charles Fourier: *The Theory of the Four Movements*. Cambridge University Press 2008 (1807), pp. 47–50.

2   Quoted from Theodor Adorno and Max Horkheimer: *Dialektik der Aufklärung*. Fischer Verlag, Frankfurt am Main 1988 (1944), p. 103.

3   Quoted from Jonathan Crary: *Suspensions of Perception. Attention, Spectacle and Modern Culture*. MIT Press, Massachusetts 1999, p. 252, referring to Nietzsche's *Der Fall Wagner* (1888).

4   Quoted from Crary (ibid.), who refers to Frederic Spotts: *Bayreuth: A History of the Wagner Festival*. Yale University Press, New Haven 1994, p. 74. Quoted from Jonathan Crary, op.cit., p. 255.

5   Disappointment and mortality is inherent to another medium of light—fireworks. In Wyn Evans' work, language becomes an elusive event when it is ignited; for example *Firework Text (Pasolini)* (1999), in which a quotation by the filmmaker Pier Paolo Pasolini is spelled in powder and lit like a short-lived glowworm.

6   Walter Benjamin: "Om nogle motiver hos Baudelaire" (1936), in: Walter Benjamin: *Fortælleren og andre essays*. Samlerens Bogklub, København 1996, p. 149. My translation.

7   Op.cit. My translation.

8   Öyvind Fahlström: "Efter happennings", in Fahlström: *Om livskonst o.a.* Bonniers, Stockholm 1970. p. 44.

9   I am paraphrasing Gilles Deleuze: *Cinema 2: The Time-Image*. Athlone, London 1989 (1985)., p. 156.

10  Aldous Huxley: *Heaven and Hell*. Vintage Classics, London 2004 (1956), p. 77.

11  Neon is a favourite material for Wyn Evans, and for example used in pieces such as *In Girum Imus Nocte et Consumimur Igni* (2006), a palindrome in Latin that means "we go round and round in the night and are consumed by fire," (also the title of Guy Debord's last film from 1978). In *Elective Affinity* (2010), Wyn Evans has bent this sentence from William Burroughs' cut-up experiments in neon and placed it on the wall: "Look at this picture, how does it seem to you now… Does it seem to be persisting?" The neons, Wyn Evans explains, represent subtitles to everyday life. In the case of Elective Affinities, the 'subtitle' to the space in which the beholder finds herself plays on the persistent absence of a picture and the evocative power of language, suggesting that language can mutate into a picture and vice versa, or that a change is imminent—even if only a change of the direction of your gaze.

12  '-lip': "Kærlig hilsen Musik og Lys". *Information*, April 4, 1971. In *Eksperimentalfilm i Danmark*, Helge Krarup and Carl Nørrested set the number of Danish light groups at an impressive total of 64 groups and individuals.

13  See for example Helge Krarup's unimpressed review "Lys i Helligånden", Information, Apr. 28, 1971.

14  http://www.achesite.dk/ache1970.htm

15  Peder Bundgaard: *Lykkens Pamfil. Dansk rock fra 60'erne til 70'erne*. Lindhardt og Ringhof, Copenhagen 2005 (1998), p. 173.

go. But when reason becomes a universal mediator, what prevents it from becoming like money, to which everything is equivalent? There is, in other words, no more dark and mythic environment through which light may transport us. "In London, fifty years ago," Aldous Huxley writes,

> electric sky signs were a novelty and so rare that they shone out of the misty darkness 'like captain jewels in the carcanet.' Across the Thames, on the old Shot Tower, the gold and ruby letters were magically lovely — une féerie. Today the fairies are gone. Neon is everywhere and, being everywhere, has no effect upon us, except perhaps to make us pine nostalgically for primeval night.[10]

A new light source has strange temporal effects that remove it from the present; it doesn't seem socialized, unlike the light sources that have been dimmed by history, such as oil and wax, gas and carbon filament—or, from today's point of view, neon. Neon is no longer ubiquitous, and has ceased to be a signifier for *ersatz* experience (the neon God, and all that). If re-enchantment is too much to hope for, perhaps neon's anachronistically humming light tubes now materialize the losses we continue to suffer on our fully illuminated planet.[11]

## 1970: PLASMA

In the late 1960s, Copenhagen was notable for the number of groups working with psychedelic light shows. Their names ranged from the relatively obvious (Zodiac, Libido, Stony Flash), the hermetic (Limfjorden I/S, Vomit 13), to the extravagant (Lysholmortensen, Lucifer Lighthouse, Panta Rei Light Art, Potlatch, Camelius Mørks Dynamostråle). Besides being an art form that was open in time, the production and staging of light for local and international rock bands was typically a group venture, erasing individual authorship in a radiant collectivity.

The inclination towards self-organization went further. In 1970 Foreningen for Musik og Lys ('The Association for Music & Light') was founded by members of the political youth association Det Ny Samfund ('The New Society') as a non-commercial body coordinating rock bands and light groups. With an office at Huset i Magstræde ('the House'), an exhibition space, concert venue and a be-in space for the Underground, the membership of Musik og Lys counted around 120 rock bands and 35 light groups, assessed by one journalist to represent "around 80% of the Danish beat and light scene." A branch in Århus, Denmark's second city, opened in 1971, to facilitate countrywide organization of tours and events.[12]

The main context for the light groups was the concert and festival circuit (whether at venues such as Falkonercentret or the Tivoli Concert Hall or at youth clubs, in sports arenas or even prisons, as well as in parks and on farms). Lysholmortensen produced light for alternative church services, and light groups would appear at art or multi-media events ('Boom-ins'). For the event *Lys i Helligånden* ('Light in the Holy Spirit') that took place in the Church of the Holy Spirit in April 1971, around 15 light groups performed, inverting the usual hierarchy between music and light and enabling the audience to try their hand at projecting.[13] The underground even permutated so much that a ballet, *De Homine Urbano*, was staged at the Royal Theatre in 1970, featuring lighting by Tezcatlipoca, costumes by Per Arnoldi and a "devilish accompaniment" by the band Ache.[14] The fact that psychedelic light groups had self-institutionalized in Musik og Lys meant that they were free to roam between the music scene and high-cultural institutions that weren't part of the 'consciousness circuit.'

As a time-based, cinematic art form, the light show was probably more symptomatic of psychedelic aesthetic ideologies than the acid rock poster (which usually lends itself to stylistic readings). Literally ob-scene, it deliberately overflowed the boundaries of any and every representational boundary. There was no scene that could frame it, no screen to hem it in. Rather than fixation or control of the gaze it encouraged a dispersal of attention, by being projected on to large canvases of architectural scale, or on walls and ceilings in order to blur differences between floor and stage, band and audience, people and architecture, light and music, and between the inside of the concert venue and its planetary outside. When Zoot Money played in Copenhagen in April 1967, the band was dressed in white and playing white instruments to transform themselves into canvases for the light show provided by Dandelion Chariot.[15]

Such was the cosmic atmosphere at gigs that the audience became as plasmatic as the quivering blobs that were projected in the light shows. They would lie down, renouncing focused visual claims to the space, and merge, incapacitated and motionless, together with others in ways that were already sexual. Whether in- or outdoors, people would arrive at rock concerts with blankets, candles and provisions for the night, and establish their own circles on the floor.[16]

## 1958: EVOLUTION

The autonomization of light is improbable. The light bulb is not made to be looked at, but to deflect the gaze. When one does look at it, light ceases to be transparent, hygienic. What is light when it becomes intransitive and doesn't shine on something existing?

On December 21, 1958, Brion Gysin wrote in his journal,

> Had a transcendental storm of colour visions today in the bus going to Marseilles. We ran through a long avenue of trees and I closed my eyes against the setting sun. An overwhelming flood of intensely bright patterns in supernatural colours exploded behind my eyelids: a multidimensional kaleidoscope whirling out through space. I was swept out of time. I was out in a world of infinite number. The vision stopped abruptly as we left the trees. Was that a vision? What happened to me?[17]

This transcendental flip was what inspired Gysin to devise the Dreamachine, a brainwave simulator. It is specifically designed to be seen through closed eyes, hence it is a light-apparatus that encourages withdrawal and turning inward, rather than displaying and making evident. Based on the principle that flickering light triggers brain-wave responses, the Dreamachine consists (in the mathematician Ian Sommerville's design) of a slotted cardboard cylinder which turns on a gramophone at 78 rpm with a light bulb inside. You look at it with your eyes shut and the flicker plays over your eyelids: "visions start with a kaleidoscope of colours on a plane in front of the eyes and gradually become more complex and beautiful, breaking like surf on a shore until whole patterns of colour are pounding in".[18]

In psychoanalytic terms, the Dreamachine's function is to address the stimulus shield. The function of consciousness, Freud writes in *Jenseits des Lustprinzips* (1920), was not to absorb and accommodate traces of memory, but to function as a shield against overwhelmingly energetic stimuli.

> For the living organism the stimulus shield has a function that is almost more important than the stimulus reception. It is equipped with its own supply of energy and endeavours most of all protect the particular forms of energy conversion that take place in it, against the equalising and thereby destructive influence from the all too great energies at work in the exterior.[19]

Psychoanalysis thus understands (traumatic) shock as an effect of the stimulus shield being penetrated. These are Henri Michaux's "soft shields of pleasure" and William Burroughs' exoskeletal insect-characters for whom subjectivity is an event at the surface of the body. When the energies of the stimulus shield are mobilized by the energy assault of drugs or by the media-massage of the Dreamachine, they are not re-invested in consciousness with a view to creating tolerance and habit with a sufficient preparedness for cultured anxiety, but rather to being absorbed in a fusion with the exterior energies.

The flicker effect represents the still seriality of light's machinic traces. But the continuous flow of light is no less dialectical. When light doesn't shine from a centre or a harmonious doctrine—a God, a sun—the calm and uninterrupted flow of light ceases to promise transcendence and becomes as ambiguous and disjunctive as stroboscopic shrapnel. Fluids are no less harmful than fragments:

> One is thus never sure that the ideal fluids of an organism without parts do not carry parasitic worms, fragments of organs, solid food, and excremental residue. In fact, it is certain that the maleficent forces make effective use of fluids and insufflations in order to introduce bits of passion into the body.[20]

In this sense there is as much mortalism as there is vitalism in light, as much worldly pain as transcendental storms.[21]

With the Dreamachine we are so to speak in between Antonin Artaud and Lewis Carroll, and the different ways their respective works distribute affect and "corporeal things". Its flickers are not only a projection of light on to bodies, but also an attempt to penetrate them, to open them up; a gentle stabbing. Deleuze insists on the contrast between Lewis Carroll "as the master and surveyor of surfaces", surfaces where grammar and paradox are played out; and Artaud in whose work the surface collapses in a schizophrenic understanding of how the entire body is no longer anything but depth. Psychedelic release of signification and affect is in the surface as it is being penetrated: in the obscene vitality of the wound. Thus the flicker plays on both surface and depth, and evacuates the subject at the same time as it elevates it.

If you are not content to suffer on the pathway of normal evolution, buckle up for a leap on the Aquarian frontier. Gysin again, using the same bejeweled metaphors as Huxley:

> One Ready Ape hit the ground and the impact knocked a word out of him. Maybe he had an infected throat. He spoke. In the word was his beginning. He looked about and saw the world differently. Colours are brighter and more intense—traffic lights at night glow like immense jewels. The ape became a man. It must be possible to become something more than a man.[22]

The dream of evolution opens up the human body as we know it and dwarfs human history in the process. It sets in motion other intelligences in order to pass to a higher state of wakefulness that will allow the mind an overall view and the speed from point to point of a bird or an aeroplane... Who cares about reform or revolution, then, when with a bit of cosmic attunement one can pass on to the next evolutionary stage and a new way of *knowing*?

Quoting scientific research that radioactive substances could be responsible for a progressive acceleration of mental faculties in the population, Louis Pauwels and Jacques Bergier write in their bestselling *Le matin des magiciens* (1960) that "We are witnessing the birth of a myth: that of the Mutant".[23] They speculate on the possibility of controllable, genetic mutations in man, but not only that: "With or without mutation, we must envisage a different kind of human if we want to bring the phenomenon of Man into line with the present trend of our destiny. From now on, it is no longer a question of pessimism or optimism: it is a question of love".[24] In other words, *we must change*—not only our social relations and political institutions, but our very ontology at cell level, in an unimaginable love.

It is an open question whether a belief in evolutionary transmutation is the best weapon against rationalist aggression. Even if the mutant is considered a minoritarian figure—an outcast, a cosmic migrant, a new species—and hence seen to embody a tolerance towards the Other, nothing prevents it from being a demigod, a giant, a superman (nothing apart from being correctly tuned in and sharing a positive vibe, perhaps). In other words, a New Age mutant discourse is not only turned towards future transformation, but ready to flip back into a nostalgia for a pure DNA. In astrology as in other irrational creeds such as racism, Adorno says, a shortcut is provided by reducing the complex to "a handy formula".[25] Even if an anti-authoritarian irrationality disagrees with the established way of life, it risks creating new forms of dependence in middlebrow submission to ritual and inscrutable cosmic laws.

## P.S. 2011: 0,10

There is nothing that has to happen. But if this is the case, it is also an imperative: nothing *has* to happen. Working with light is when one wants to hit point zero, but 0,10 is the best it gets… Such a slight elevation or mismatch isn't too shabby after all. This decimal can be a suspension of time and the overbright contemplation of the transformation, or even negation, of the human body. As it dissolves, desire is set free and takes the vertical form of a searchlight that strafes the future with a hum.

16 Cerith Wyn Evans' work does not give off a hippie vibe, of course. For one thing, its orientation towards language makes it too rigorous and conceptual to be considered on a par with the applied arts of the 1960s counter-culture. But the seductive and somewhat melancholic temporality of his installations may remind us of the historiography of the psychedelic light show. It was as phantasmatic and fleeting as it was momentarily monumental, and even those who didn't consider it anathema to document a time-based art form didn't possess technology that was sophisticated enough to film a light show inside a dark concert hall. Only a few wet slides, bits of 16 mm film, filters and by now antediluvian projectors remain to help us imagine what it looked like. True to the twisted temporality of desire that it projected, the psychedelic light show existed only to let us know that it will always have been gone.

17 Brion Gysin: "Dreamachine" in Paul Cecil (ed.): *Flickers of the Dreamachine. The Definitive Headbook.* Codex, Hove 1996. No page.

18 Letter from Ian Sommerville to Brion Gysin, op.cit. The Dreamachine is quoted in Wyn Evans's eponymous installations that feature versions of Gysin and Summerville's invention, installed together with small palm trees (which, on their side, probably are a quotation of Marcel Broodthaers' 1974 work *Jardin d'hiver*). The Dreamachine installations come across as slightly desolate as nobody sits in front of them with their eyes closed; here, the flicker machine takes on a quality of a time machine that has beamed away its viewers to other dimensions.

19 Quoted from Walter Benjamin, op.cit., p.132. My translation.

20 Gilles Deleuze: *Logic of Sense*, Continuum, London 2004 (1969), p.101.

21 Even considered in its materiality, light defies horizontality. It cannot possibly be understood as a base, only as a sublation, a $S=U=P=E=R=S=T=R=U=C=T=U=R=E$. When we see the light, we look up, perhaps confusing it with the heat that emanates from it and that lifts us in columns of rising air.

22 Gysin, op. cit.

23 Louis Pauwels and Jacques Bergiere: *The Morning of the Magicians.* Granada Publishing, London 1963 (1960), p.292.

24 Op. cit., pp. 303–4.

25 Theodor Adorno: "The Stars Down to Earth", in Stephen Crook (ed.): *Theodor Adorno: The Stars Down to Earth.* Routledge, London 2002 (1994)., p.61.

# AND AT THE FALL OF NIGHT, THIS CITY'S MADE OF LIGHT

SAMTALE: CERITH WYN EVANS OG SOLVEIG ØVSTEBØ

**SOLVEIG ØVSTEBØ** Vi holder på å montere utstillingen din her i Bergen Kunsthall, og aller først vil jeg vi skal snakke om hvordan forholdet mellom subjekt og objekt blir en arena for forhandling i utstillingene dine. Før har du sagt at en opplevelse eller en handling kan være «objektet». Når du setter spørsmålstegn ved hva materialet er og hva objektet er, reforhandler du følgelig også oppfatningen av det subjektive. Det later til at en viss sensibilitet overfor disse spørsmålene gjennomsyrer dine verker?

**CERITH WYN EVANS** OK, nå kaster vi oss ut på dypet. For det første vil jeg sette spørsmålstegn ved de gjengse forestillingene om disse definisjonene, atskillelsen av subjekt og objekt. Tradisjonelt har man oppfattet objektet som en slags ting, med et bestemt volum, en bestemt vekt og en bestemt tilstedeværelse. Forholdet mellom subjektiviteten og subjektet er naturligvis et stort felt, men subjektivitet som sådant oppfattes som noe indre, noe gjenstridig, noe man nesten kan definere som noe som ikke er et objekt. Jeg tenker meg vel begrepene subjekt og objekt–og det dialektiske forholdet mellom dem–som omskiftelig, som noe omtrentlig. Noe som kan være fristende–og ikke bare fristende, det har blitt aktivt innstudert og utspilt–er et plassbytte, slik at subjektet blir objekt og objektet subjekt, et slags rollebytte hva de verdiene angår som tradisjonelt tilskrives objektalitet og subjektivitet.

Dette er en del av spillereglene for utvekslingen: Objektet kan opptre som subjekt og motsatt. Man kan si at et tema (subject matter) defineres av at man kan si at dette er et bilde av noe, en referent, et a priori eller noe gitt som forholder seg

til en forutgående samling betingelser. Og stoff (object matter) kan man vel se på som det noe er laget av. I den forstand er objektet ofte «subject matter» eller tema. Og jeg liker å innstudere et scenario–uten at det bare er ordspill–der subjektet kan bli til stoff (object matter). Så ja, jeg bytter om på rollene. Min innfallsvinkel er ofte å prøve ut verdier og teste grensene for disse definisjonene.

**SØ** Ved å utfordre definisjonen av objektalitet skaper du altså nye posisjoner for det subjektive?

**CWE** Ja, jeg tror absolutt at jeg prøver å gjøre det. Et utstillingsrom er fylt med en rekke gjenstander, og på et grunnleggende plan kan man si at en av de fundamentale definisjonene på objektet er at man kan trekke en strek rundt det. Eller at det for eksempel kaster skygge. Men jeg prøver vel egentlig å utvide grensene for hva som kan sortere under disse kategoriene ved å favne enda videre. For å parafrasere Rolsalind Kraus: Kan man tenke seg objektet i det utvidede felt? Og hva står på spill om man for eksempel tar for seg erfaringer? Hva er erfaringens objektalitet? Hva slags objekt er en sansning?

**SØ** Ja, og hva skjer med subjektet når man sier at erfaringen er objektet?

**CWE** Nemlig. I en viss grad foregår det en utspørring av og refleksjon omkring subjektet, siden objektet da kanskje benyttes i en proaktiv forstand, som et redskap for å sette spørsmålstegn ved subjektivitetens status. Man kan altfor lett bli opphengt i og gå seg bort i subjekter og objekter og deres «trans-tilstan-

der», dette at de faktisk kan transmutere, altså forvandle seg, at det ene kan bli til det andre og motsatt.

**SØ** Jeg hadde lyst til å begynne der fordi jeg mener disse overveielsene har betydning for forholdet mellom betrakteren og hennes rolle på dine utstillinger og layouten eller iscenesettelsen av utstillingene. Når og hvordan spiller tilskueren en rolle i det du gjør?

**CWE** Vel, når det gjelder betrakteren, iakttakeren, subjektet eller hva vi nå måtte kalle betrakteren eller omtale henne som, så oppfatter jeg personen som en intern faktor under konstruksjon, iscenesettelse, det å «anledninge» (for å forvandle anledning til verb) et knippe relasjoner i et rom. Hvem er så denne personen som må være til stede i rommet for på en måte å komplettere verket? Jeg tror man kan tenke seg betrakteren som materiell. Når jeg skal til med en utstilling som denne, er det nok ikke mulig å iscenesette og presentere relasjonene for tilskueren uten at denne gjesten er nærværende som en del av det som fullender utstillingen. Det er nesten som om objektet trenger denne persepsjonsendringen for å være til. Men i bunn og grunn setter jeg meg i betrakterens sted, på et helt pragmatisk plan. Selv på det mest grunnleggende nivå–jeg går tilbake og ser på plantegningen. Hvor er inngangen? Hvor er utgangen? I dette tilfellet, i kunsthallen, kommer man inn midt i utstillingsrommet, og i dette første rommet kan man velge å gå til venstre eller høyre. Så den som kommer til utstillingen, altså betrakteren, må foreta et valg.

Her i Bergen Kunsthall er man nødt til å forlate lokalet samme sted som man kom inn. Dermed må man se alt to ganger. Man må gå til den andre enden av rommet og så tilbake for å komme gjennom alt. Det som ofte skjer i store museer som Metropolitan Museum eller British Museum, er at man har disse populistiske kjempeutstillingene. Hele infrastrukturen på museet er rettet mot en slags varehandelslogikk og støtter opp om en viss prosess der folk behandles som kveg. De blir veiledet, eller pres-

man gang på gang på oversiktsutstillinger. Man begynner med de tegningene Beuys laget som tenåring, og så avslutter man med de uutgrunnelig rørende sene verkene som på et vis stemmer til mortalitetserkjennelse og som kunstneren laget da han lå for døden. Min utstilling her er annerledes i den forstand at den minner mer om det å skape et scenario, noe i likhet med en *mise-en-scène* fra et teaterstykke eller en film. Vanligvis er jeg

disse museene legger opp til. Du venter på at tilskueren skal foreta sitt valg. Så avslører du følgene av valget, som er annerledes enn følgene av andre valg. Vil du si at vi her henvises til det Mikhail Bakhtin ville kalt en polyfon opplevelse, noe som baner vei for mange forskjellige røster i stedet for bare sansningen av et bak eller et foran? Hvordan forholder du deg til denne forestillingen om større valgmulighet?

CWE Utstillingen omfatter i grunnen fem arbeider, og jeg ser på disse arbeidene som samstemte, de samtaler med hverandre. Så de er ikke bare romlig nærstående i den forstand at de befinner seg i de samme rommene. Rommene opptrer også som objekter i forhold til hverandre–noe som er gitte forhold, ettersom jeg ikke har flyttet på vegger i forhold til den oversikten jeg fikk tilsendt og som sa at vi har fire rom, og at de danner en rett linje langs denne aksen. Så arbeidene opptar og målbærer–og kanskje også gjenspeiler og utspør–de rommene som bærer dem. Det er sju søyler fordelt på tre rom i hele arealet. Et av rommene har ingen søyle, for meg tjener det som et slags mellomspill, et rom som på et vis bryter modellen med ett objekt av samme slag likelig fordelt mellom de fire rommene som utgjør utstillingsarealet. Alle søylene er laget av glødetrådlys, og de minker og øker i styrke. Siden de nesten utelukkende er laget av disse transparente glassrørene, er de uten indre struktur. Så når lyset ikke er på, er søylene gjennomskinnelige, og man faktisk kan se gjennom søylen og for eksempel se andre søyler som skinner gjennom den søylen som ikke er opplyst. På grunn av den måten de skal oppføre seg og dimme opp og ned, så er de relativt usynlige. Hver av dem har en selvstendig dimmer som skifter fra nokså gjennomskinnelig til så sterkt lys at det nesten gjør vondt å se på dem. Så da blir de nesten usynlige igjen. Idet man kommer for nær blir det ubehagelig å se på gjenstanden. Disse søylene blir et slags gjennomgangstema for utstillingen.

SØ Hvordan er forholdet mellom søylene og rommet, siden de jo også er arkitektoniske former?

CWE Vi forbinder søylene med arkitektonisk form. Vi tenker oss søyler, om de

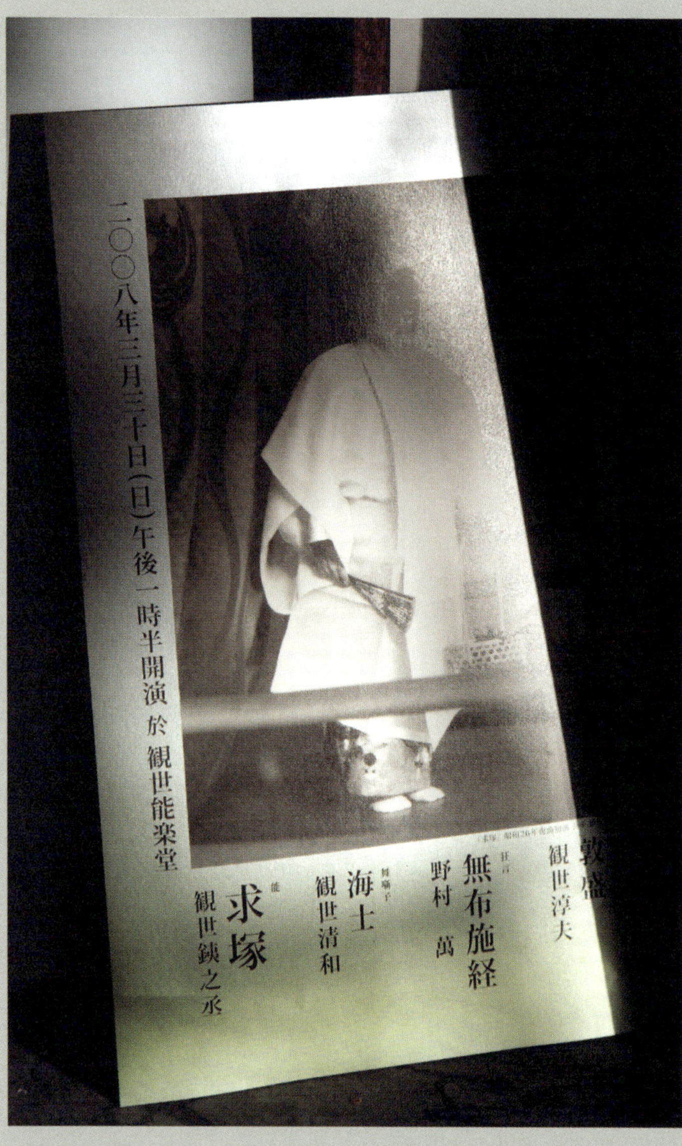


set gjennom utstillingen. Og siden jeg er så forstokket og trassig av meg, har vaktene mange ganger kommet og gitt meg beskjed om at man ikke kan se en utstilling baklengs. Du skjønner, de forventer at folk skal begynne i rom 1 på grunn av den påtvungne og deterministiske oppbygningen av fortellingen. Man går kronologisk fra tidlig til midten og så den senere perioden. Slikt opplever

kanskje litt forsiktig med denne metaforen [fra teaterverdenen], men det finnes faktisk paralleller, i den grad at man til og med kan snakke om betrakteren som en slags karakter i scenarioet. Som en som spiller tilskuer.

SØ Jeg går ut fra at en guidebok for dine utstillinger ville bli mer mangfoldig og omskiftelig. Du gjør det motsatte av det er dekorative eller ei, som arkitektoniske former som holder taket oppe. De støtter det som er over dem. Men ser man godt nok etter, så berører ikke disse søylene taket, og de er knapt i kontakt med gulvet. Så i en viss grad er disse søylene bokstavelig talt vektløse. Det er innlysende at søylene ikke støtter arkitekturen. De oppfyller ikke den funksjonen virkelige søyler har. De henger. De flyter i rommet. De er mellom himmel og jord. De ser ut som søyler, men de er jo laget av lys, og lyset veksler hele tiden. Så i en viss forstand danner de det første settet av gjenstander som bare er et skritt opp fra grunntonen i det tomme galleriet–spesielt i det minste av utstillingsrommene, som bare har en søyle, og som man ikke ser før man er helt borte ved inngangen til rommet. Man merker at det er noe i rommet, for man ser at lyset endrer nyanse eller at mengden lys som faller på den ene veggen i rommet, forandrer seg.

Å forestille seg det krever et trossprang–siden man faktisk ikke kan se gjenstanden. Man kan bare se virkningen av den. Så søylene skaper en slags opplyst sone de omgir seg med. Hvor begynner objektet? Hvor tar objektet slutt? Søylen selv består av glass og metall og elektriske ledninger og tråder. Men lyset fra søylen reiser lenger. Man kan i en viss grad tenke på søylen, opplevelsen av søylen, som et mye større objekt enn det rent fysisk er.

**SØ** Og igjen er objektalitetens grenser uklare. Det glir over i erfaring.

**CWE** Ja, grensene er gjennomtrengelige. Da jeg instruerte den som programmerer dempningsenheten for søylene, viste det seg at den beste måten å formidle det jeg ønsket å oppnå, var å bare si «tenk deg at de puster, helt rolig». Det er den farten de er programmert til å dimme ned og opp med. Søylene er på tre forskjellige diametre, og de skaper virkelig hårfine forskjeller når det gjelder opplevelsen av det romlige. Folk blir gjerne forvirret til å begynne med. De tre diameterne er ikke så veldig forskjellige. Det er et perspektivtriks: Ved å sette en høy, smal søyle lengst bak, skaper man illusjonen av at rommet er mye større. Så avhengig av hvor man står og hvor sidene er rundt en i dette rommet, skaper man forskjellige potensielle forvrengninger når det gjel-

der oppfattelsen av det romlige, og den måten dette målbæres på.

**SØ** Jeg opplever at denne måten å «forstyrre konklusjonene» på er svært nærværende i dine arbeider. Når man tror man har nådd en konklusjon, trer et eller annet inn fra siden og forvirrer en og sier at dette ikke er som du trodde det var, og man begynner å lete etter andre konklusjoner.

**CWE** Ja, det stemmer. Jeg mener at de iscenesetter tvilens øyeblikk og gir folk den luksus det er å få stille et spørsmål eller på et vis frigjøre seg fra sine vissheter, sine lettvinte forutfattede meninger. Det er mulig å åpne for spørsmålsstillinger som er noe mer enn en intellektuell lek. Jeg tror det er ringvirkning her som gir ekko i deres sosiale, psykologiske, emosjonelle, poetiske, politiske og åndelige register. Det åpner et rom for alternativ opptreden, alternativ tenkning og alternative måter å nærme seg eksisterende relasjoner på.

**SØ** Du bygger også ut dette rommet for alternativ opptreden ved å plassere et lydelement blant søylene.

**CWE** Ja, dette nye verket er laget spesielt for Bergen Kunsthall. Jeg er veldig forsiktig med etterrasjonalisering og å skulle påtvinge arbeider relasjoner, kanskje fordi det er veldig fristende å føle at forholdet mellom dem er uttrykk for en begrepsmessig konsekvens. Men det er ikke til å unngå at man finner disse relasjonene, for nærhet kontaminerer. Ikke bare fysisk i rommet, men man innser at det var drifter til stede, kanskje ubevisst og nærmere bestemt når det gjelder lydarbeidet, dette fløyteverket, som helt bestemt og bevisst innebærer en påkallelse av forestillingen om pust. Det er dette musikeren gjør, det er det mennesket må gjøre–bruke pusten til å artikulere så man kan spille musikkinstrumentet–fløyten. I dette spesielle tilfellet kopierer vi lungene med en kunstig kilde, så det er kanskje nærmere et fløyteorgel. Jeg ble vel interessert i forholdet mellom kroppen som organ og kroppen uten organer. Fløytene er programmert til å skulle spille et rikt utvalg lyder. Teknisk sett er det sju fløyter, og en av dem er åpen, ingen av hullene lukkes. Hver fløyte har sin egen tone, så det er som et

orgel i den forstand at man kan kombinere lydene fra de sju fløytene. Fløytene er av krystall, de henger så og si i løse luften, og rent formalt står de naturligvis i et forhold til søylene.

Så fløytene er naturlige horisontale følger av de vertikale søylene. Man har altså en slags formal og materiell resonans, og rytme, om man vil, mellom de to forskjellige elementene. Men da er du i en klassisk «son et lumière»-situasjon, for man har de opplyste søylene og man har fløytene som spiller musikk.

**SØ** Så disse to arbeidene utgjør et slags ikke-materielt koordinatnett av lys og lyd?

**CWE** Ja, jeg tenker faktisk på det som et koordinatsystem med X og Y. Den ene koordinaten kan man kanskje best tenke seg som et register og den andre som en innholdsliste. Så det blir litt som å utspørre en innholdsliste med et register. Begge beveger seg, ikke bare i sine egne lineære baner, men også gjennom hverandre.

Opplevelsen av å befinne seg i rommet er naturligvis langt mer intuitiv enn som så. Men det oppstår en leken relasjon mellom søylene og fløytene. Lyd og lys flyter gjennom på forskjellig vis. Når de krysser hverandre, når disse sonene kontaminerer hverandre eller flyter sammen, er det mulig å benytte utstillingens atmosfære som materiale.

**SØ** Man skaper et nytt objekt...

**CWE** Ja. Man kan utspørre denne objektaliteten ved å plassere den i et uholdbart forhold til vissheten. Og det tror jeg er noe folk er opptatt av. Det har gitt meg stor tilfredsstillelse å oppnå dette på denne utstillingen. I dette øyeblikk, mens vi snakker om det, så er jeg ganske fornøyd med at objektene ikke riktig «oppfører» seg! De lever sitt eget liv.

**SØ** I denne utstillingen har vi også tatt med et eldre arbeid du har vendt tilbake til gang på gang, *Un coup de dés jamais n'abolira le hasard.*

**CWE** Ja, vi har også dette tekst-stykket, eller heller denne mangelen på tekststykke i diktet av Stéphane Mallarmé, *Un Coup de Dés*, som er nokså berømt for å være notorisk uoversettelig.[1] Men den vedtatte oversettelsen later for tiden til å være «Enhver revolusjon er et terningkast». Med sin radikale fragmentering og layout er diktet i bunn og grunn en gjenklang av en form for musikalitet, for intervallene mellom ordene og mellomrommene på siden, blir like interessante som ordenes plassering eller mening. Det er skrevet mye om dette. Mange kunstnere, musikere, skribenter og billedkunstnere har benyttet dette toneangivende verket som et slags utgangspunkt. Mitt forholdt til det har oppstått via forholdet til en annen kunstner, nemlig Marcel Broodthaers, en kunstner jeg er veldig begeistret for, og som har vært en rik inspirasjonskilde for meg ved flere anledninger. Utstillingen Décor på ICA i London i 1975[3] var utrolig imponerende og påvirket min tenkning om hvordan det var mulig å tilnærme seg og skape kunst[2]. Marcel Broodthaers skapte et kunstverk som gjør bruk av Mallarmés dikt. Han samarbeidet med en boktrykker og laget svarte blokker som dekket over hvert ord eller uttrykk i diktet. Egentlig visket han ut språket ved å trykke over det, og dermed kunne man betrakte det som en palimpsest – en overstrekning av noe for å dekke over det som ligger under. Tanken kunne også gå til sensur. Men det han egentlig gjør, er å betone visse ords grafiske plassering på siden. Ved å fjerne den egentlige meningen blir bokstavene og syntaksen selve diktet. Det han gjør, er å skape et formelt sett med blekk-relasjoner på papiret, som igjen relaterer til denne utviskingen av Mallarmé-diktet. Jeg bestemte meg for å la dette være mitt utgangspunkt og føre spillet et skritt videre ved å ta Broodthaers' overstrekede tekst – og skjære den helt bort. Jeg skapte et diktformet tomrom, et slags vindu – en form for intethet.

I en viss forstand ventilerer bildet og skaper en slags «gjennom-romlighet». William Burroughs har uttalt de berømte ordene: «Veien ut er veien gjennom,» og jeg assosierer vel litt til det.[3] Den spesielle trerammen gir meg egne assosiasjoner, for som mal for rammen benyttet jeg de svarte tangentene fra et Bosendorfer-flygel som den finishen jeg ville rammen skulle ha. I en viss forstand, om enn subtilt, ønsket jeg å vekke forestillinger om musikkens flygel, om intervaller, mellomrommet mellom notene, perkusjonen. Det er 22 sider av diktet som er hengt på en konvensjonell måte på veggen, og det som skjer når sidene rammes inn på denne måten, inneklemt mellom to glassflater, er at det man ser i disse intervallene, i disse utklippene, er utsikten til veggen bak bildet. Det er gjennomsiktig. Bildet blir på en måte evakuert, for bildet blir faktisk en slags innramming av tomheten. Altså, det å fjerne innholdet og fremheve eller rykke veggens stofflighet inn i forgrunnen, er en radikal måte å røre ved kunsthallens egen stofflighet på. Det man egentlig gjør, er å ramme inn veggen eller ramme inn kunsthallen ut fra en annen slags skala. Diktene representerer også noe som en serie, men rammene er både likedan og forskjellige, slik søylene er likedan og forskjellige. Så der har man en annen slags naturlig følge for noe som utgjør en serie.

**SØ** Dette verket fører oss lenger inn i kompleksiteten i ditt virke, og det er et godt eksempel på hvordan det ikke bare dreier seg om tid-, lys- og lyderfaringer, resepsjon og persepsjon, men du konfronterer oss også med en intertekstuell sfære preget av sitater og et utall henvisninger til ikoner fra historiens og kunstens verden.

**CWE** Vel, jeg ser på det som en besvergelse, en slags seanse der en ånd påkalles – ført hen til bordet som kilde. Det kan være en henvisning, et sitat eller i dette tilfellet en tilegnelse, og et nikk til noe som allerede tilhørte en kjede henvisninger. Enten man er kjent med den kjeden det henvises til eller ei, i dette tilfellet Mallarmé-teksten, så vil kjennskap til Marcel Broodthaers' verker eller Stéphane Mallarmés arbeider ha betydning for hvordan man oppfatter dette arbeidet. Hvordan unngår man å måtte opplyse folk om at disse endringene på noen måte er interessante, for ikke å si betydningsfulle? Her skal jeg passe meg riktig godt, for jeg vil ikke ha sagt at «disse folkene kan nøye seg med søylene,» for de har jo ikke de henvisningene som er så spesifikke eller bestemmende. Men i akkurat dette tilfellet følte jeg at det var mulig å ha med min mester Marcel Broodthaers, som ved så mange andre anledninger, – og på et vis – via den påvirkningens engstelse han vekker – føre ham inn i leken. Broodthaers har vært en konstant størrelse for meg.

**SØ** Tegn og tankesprang knyttet til disse kulturikonene og deres verker omtales om og om igjen fordi du lar dem tre frem til forgrunnen, så å si stige opp på scenen enda en gang. Mens historiebøkene har sortert dem så de har fått sin plass, driver du og gjenskaper budskapene deres og blander dem inn i dine egne tolkninger. Det er tydeligvis snakk om en syklisk, pluralistisk intertekstualitet der alt forblir åpent – og man kan si, markert av en allestedsnærværende fullbyrdelse som ikke kan sluttføres. Men som det har blitt påpekt i tidligere tekster om ditt kunstnerskap så er det også en fare for å pådra seg hjerteinfarkt om man som betrakter skal være nødt til å forholde seg til alle disse tegnene og henvisningene.

**CWE** Ja, men det er man da heller ikke nødt til å gjøre, selv om det gir en særlig tilfredsstillelse å vie det en viss oppmerksomhet eller – jeg nøler med å bruke ordet – studium.

**SØ** Det er ikke noe galt med å studere.

**CWE** Og jeg tror ikke det er noe galt med å konfrontere betrakteren, deltakeren, iakttakeren. Igjen tror jeg at jeg må passe meg, for vi vil nødig slå inn på et sidespor – men jeg tror populismen kan skape mange fryktelig banale situasjoner som ikke belønner det engasjementet som iblant koster folk en betydelig innsats. Burroughs taler om «innfallsporter», han snakker om at det faktisk kan la seg gjøre å tre inn i en tekst, et forhold, på mange nivåer; å være klar over hva disse nivåene er, å kunne spille på dem, bytte mellom dem, overse enkelte og utforske andre. Jeg tror det er noe frigjørende ved


1  Stephane Mallarmé: *Un coup dés jamais n'abolira le hazard*, Paris 2008 (1. utg. 1914).
2  *Décor: A Conquest by Marcel Broodthaers, (La Bataille de Waterloo)*, ICA, London, 1975.
3  Se for eksempel: William S. Burroughs: *Naked Lunch*, London 1993, side 180, eller William S. Burroughs: *The Wild Boys: A Book of the Dead*, New York 1971, side 82.

å kunne avgjøre på hvilket nivå man vil tre inn.

**SØ** Det samme kan vel også sies om det nye neonskiltet, som også henviser til William Burroughs med sitatet: «Se på det bildet, hvordan tar det seg ut for deg nå… Synes det å bli ved?» (Look at that picture, how does it seem to you now… Does it seem to be persisting?)

**CWE** De neonskiltene jeg skaper, er egentlig hverdagens undertekster, virkelighetens undertekster. De er skrevet med en velkjent, nøytral skrifttype som minner sterkt om undertekstene til utenlandske filmer. Når jeg plasserte denne teksten i selve rommet, var det for å antyde at virkeligheten var en film som ble avspilt. I en viss forstand er denne setningen fra William Burroughs lånt fra hans utklipp-eksperimenter, som så var direkte hentet fra lettristenes tankeverden, og før dem fra dadaismen. I støy- og lydpoesi trer man inn i teksten ved at man klipper den i stykker, omformer den etter andre prinsipper og ser den fra en annen synsvinkel. Man ser gjennom den, på et vis avslører (og ikke bare formelt) man visse idiomatiske vendinger. Man utspør faktisk dens mening i den grad at man avslører noe, og ikke bare noe om dens struktur. Burroughs ville sagt at man avslører noe som navigerer gjennom, eller rettere sagt, kortslutter rasjonell tenkning. Så ved å vise mistro til den fortellertekniske flyten, som kan oppfattes som et redskap for den dominerende ideologiens former, ville det være mulig å avsløre undertonen, det som virkelig foregikk. Hvilke meninger kunne avsløres som var blitt tilstoppet av sunn fornuft, som var tilstoppet av makten. Så det er egentlig et energisk forsøk på å avskaffe disse hierarkiene eller myke dem opp, på et vis jevne dem ut så det blir mulig å oppfatte dem og dermed også takle dem.

**SØ** Hvorfor valgte du nettopp denne setningen? Hva er dens relasjon til de andre verkene på utstillingen? Fungerer teksten som en undertekst for utstillingen?

**CWE** Den har riktig mye med hele utstillingen å gjøre – det skal være sikkert og visst. Setningen som sådan, og det er faktisk en nokså merkelig setning i den sammenhengen Burroughs bruker den,

forholder seg direkte til utklipp og gjentakelse, det han sammen med vennene Ian Summerville og Brion Gysin foretok seg i de eksperimentene de tre var sammen om, innenfor en helt spesielt område av forskningen deres på slutten av 50-tallet og i 1960-årene. I setningen «Se på det bildet. Hvordan tar det seg ut for deg nå? Synes det å bli ved?» er det underforstått, som de fleste andre verkene på utstillingen, at det skjer en forandring, og at bildet kan mutere, at det ikke blir ved å være det samme. Ikke bare at det har en slags resonans i forhold til bevegelige bilder, så som kino. Men i Burroughs' sammenheng kan jeg ikke bruke setningen uten

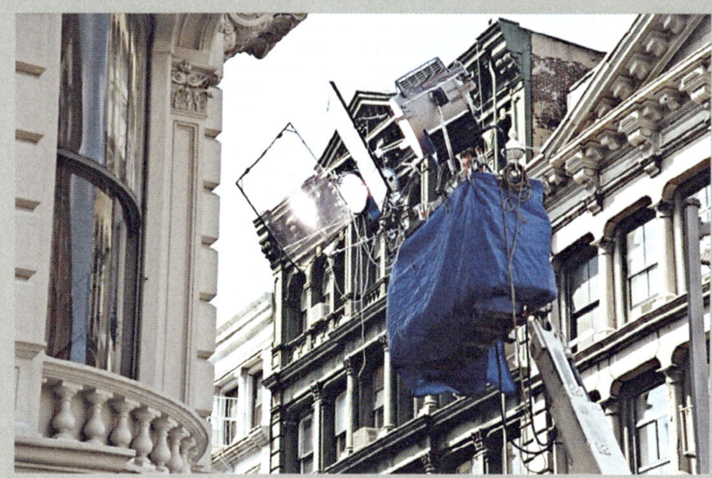

også å høre stemmen hans. Og jeg kan ikke unngå å høre setningen uten at jeg hører den om og om og om igjen. Så «Se på det bildet. Hvordan tar det seg ut for deg nå? Synes det å bli ved?» innebærer at noe forandrer seg, også på den tiden det tar å lese setningen.

«Bli ved» (persisting) er også merkelig, for ordet innebærer at det på et vis blir holdt i ro og at bildet uavlatelig utspiller seg i nåtid. «Hvordan tar det seg ut for deg nå?» Dette «nå» forutsetter at det er en annen tid. «Se på det bildet» er nåtid. «Hvordan tar det seg ut for deg nå?» er et sekund etter at jeg sa «Se på det bildet.» Synes det å bli ved? Så i en viss forstand er det en slags tilbakeføringssløyfe jeg installerer på dette punktet i utstillingen. Man står stille og beveger seg samtidig.

Vi er hele tiden i nuet, og nuet forandrer seg hele tiden. Skiltet representerer et punkt i utstillingen der det kan være mulig å reflektere over opplevelsen. Den

erfaringen man stilles overfor blir stilt i forgrunnen. Man konfronteres av et kunstverk. Man blir stilt et spørsmål. Der man står.

**SØ** Det virker som om du befatter deg med begrepet tid på så mange plan. Sammenhengen dette sitatet står i, er ett eksempel. Tiden mellom lys og mørke er et annet. Det er også interessant at du jevner ut tid og hierarkier ved å låne andres tekster.

**CWE** Ja, det blir en slags polyfoni av tidsnivåer stablet oppå hverandre. Idet vi setter opp utstilingen sier intuisjonen meg at denne utstillingen kommer som en oppsummering. Ikke det at jeg på noen måte betrakter den som definitiv, men mange ting trer klarere i fokus i lys av denne utstillingen. Og jeg finner dette avslørende, for jeg tror det gir muligheter for endring, en litt annen sluttreplikk, en litt annerledes og ny adresse, som foranlediges av min erfaring med å lage denne utstillingen, og det er veldig stimulerende og spennende. Man har heftet seg mye ved henvisningene til andre forfattere og andre kritiske tekster eller kulturikoner. Kunstnere har alltid omarbeidet og brukt ting som har vært bestemmende eller forutbestemt. Man trenger bare ta en titt på alle de religiøse og mytologiske ikonene som finnes, eller for så vidt «kunst om kunst». For mitt eget vedkommende er det to ting som kan være verdt å nevne: Filmkunstens og litteraturens betydning. Det filmen står for, har vært veldig viktig. I mange år skapte jeg film. Men jeg har egentlig aldri vært noen filmmaker. Jeg har alltid sett på meg selv som en kunstner som laget film.

SØ I hvilken forstand var du ikke filmmaker?

CWE Man kan vel si at jeg er blitt omtalt som eksperimentell filmmaker. Jeg ønsket å arbeide med ikke-narrativ film, film som ikke prøvde å fortelle en historie, men der man så på bilder. Jeg var veldig interessert i filmkunstens særpreg og kanskje filmens forhold til teksten. Undertekstene ble veldig viktig, for de åpnet et nytt område der nye ting ble mulig. Oversetterreglene, oversettingens spill, oversetterteorier og underteksting, alt dette har vært rike kilder til engasjement og inspirasjon for meg. Det har med en fortetting av språket å gjøre. Jeg er litt forsiktig med det selvbiografiske, som om alt hadde et slags psykoanalytisk opphav der ens barndom var noe som påvirket hvem man ble og som man ustanselig henviste til og gjentok. Men jeg laget tre korte Super-8-filmer. I årevis hadde man fra tid til annen truet med å ville kaste meg ut av kunstakademiet. Jeg gikk helt og holdent opp i arbeidet. Det var bare det at den gangen følte jeg, kanskje med en viss arroganse, at det å skape flere gjenstander her i verden faktisk var lite hensiktsmessig eller kontrarevolusjonært, uinteressant. Det jeg gjorde, var en slags forskningsarbeid i og omkring lesning, collage, oppklipping av bilder. Det var noe jeg drev med nesten helt fra første stund.

SØ Men på tross av all denne grundige forskningen så er informasjonen du synliggjør på utstillingen av et mer assosierende slag. Du har også forholdt deg til våre innledende samtaler der vi ikke ønsket at utstillingen skulle være en «sammenstilling» av flere selvstendige arbeider. Det skulle være ett stort verk, som til en viss grad skulle fungere stedsspesifikt.

CWE Jeg var veldig opptatt av Kunsthallen som et eget verk i utstillingen. Det er jo ganske opplagt at jeg sier det. Jeg ser faktisk ikke på den som bare et visningssted eller den beholderen gjenstandene plasseres i. Det er den ikke. Rommet er så til de grader både ingrediens, materiale og tema for arbeidene. Jeg håper det kan la seg gjøre uten at det

skaper misforståelser. Jeg håper man på en måte kan tenke seg Bergen Kunsthall som et verk i utstillingen. Paradoksalt nok synes jeg arkitekturen ikke bare er et element i opplevelsen av utstillingen, noe som jo burde være ganske opplagt, men også at den i høy grad er et innslag i den. Visst er den gitt på forhånd, men vi kunne gjort alle mulige slags ting med lokalet for å forvandle det, så de gjenstandene vi brakte inn i utstillingsrommet ble prioritert på en annen måte.

SØ Når du benytter institusjonen som kunstverk, fører du hele diskusjonen om institusjonskritikk opp på et høyere plan. Du forholder deg ikke bare til innsiden, du befatter deg med hele lokalets struktur. Her later det til at du har det fint med den hvite kuben, men samtidig stiller du spørsmål ved og utspør det romlige. Hvordan forholder du deg til institusjonen som teoretisk begrep?

CWE Den hvite kuben ble idiomatisk etter den viktige teksten «Inside the White Cube» av Brian O'Doherty, essayet som lodder myten om den hvite kubens nøytralitet. Den påpeker at dette tilsynelatende gitte, denne nøytraliteten, den hvite boksen, er fullstappet med mening og har sin helt spesielle kulturelle, sosiale og politiske betydning. Etter å ha kommet med disse få bemerkningene om den hvite kuben og dens relasjon til teksten – den bygningen vi sitter i her i Bergen Kunsthall, ble skapt av den modernistiske arkitekten Landmark på 1930-tallet og var opprinnelig tenkt som et malerigalleri. Her står alle de tidligere utstillingene nærmest stablet opp som gjenferd inni utstillingens tapeter. Før spurte man seg hva institusjonen drev med, hvordan den har utviklet seg og hvordan den fremdeles utvikler seg. Mange spør seg hva institusjonenes rolle er i en så betydningsfull tid. Dermed kan vi se tilbake på historien og til og med se på et begrep som «historiens slutt». Så folk tar et overblikk over historien inne i institusjonen. Skal institusjonen oppfylle brukernes behov, må den vokse og tilpasse og forandre seg. En av de tingene man kan gjøre innenfor den større sammenhengen en utstilling står i, er altså å spørre seg hva institusjonen kan, hvordan institusjonen kan fungere mer effektivt – og da tenker jeg ikke på slikt som energisparing, men

4  Se: Marcel Mauss: *The Gift: The Form and Reason for Exchange in Archaic Societies*, London 2002; og Georges Bataille: *The Accursed Share: An Essay on General Economy*, oversatt av Robert Hurley, New York 1988-91.

5  Cerith Wyn Evans i samtale med Susanne Gaensheimer: «The Birds Have to Constitute the Music this Afternoon», i utstillingskatalogen: *...in which something happens all over again for the very first time*, Musée D'Art de la Ville de Paris/ARC, Paris 2006, side 187.

6  Se for eksempel Martin Jay: «The Crisis of the Ancien Scopic Régime From the Impressionists to Bergson» i *Downcast Eyes: The Denigration of Vision in Twentieth-Century French Thought*, Berkeley og Los Angeles 1993, side 149–211.

hvordan den kan bidra mer proaktivt til en utvidelse av betrakternes bevissthet og forholde seg til deres verdigrunnlag. Hvordan betjener den publikum? Hva forventer publikum av den? Det finnes visse velprøvde tilnærmingsmåter, og jeg har kommet på kant med flere institusjoner.

SØ Du benytter begrepet «sted» når du omtaler dine undersøkelser?

CWE Tja, jeg tror man må det. Man kan ikke bare omtale den formalt, som å si at dette er en flott bygning, dette er et utsøkt hvitt rom. Men alt dette må ses i en større sammenheng. Den slår begge veier, denne gjennomtrengeligheten. Den tar sitt utgangspunkt i erfaringens episenter, som kan strekke seg fra å stå rett ved verket og helt ut til forskjellige kommunikasjonsformer, distribusjon, resepsjon – som er alle e-postene man sender, den som lager grafisk design, de som arbeider i baren, menyen og alle slike praktiske ting.

SØ Vi har snakket om tiden – også i sammenheng med erfaringen. Men vi har ikke sagt særlig mye om lyset og lysets historie, som jeg vet du har reflektert over i lang tid nå.

CWE Ja, det er riktig interessant å fundere på dette med lys gjennom tid. Lyset i søylene avgis av glødende lyspærer som ikke lenger er i produksjon. Man kan si litt av hvert om en kultur som lager produkter med innebygget foreldelse. Videre kan man snakke om implikasjonene av at man ser slike produkter som dette, disse lyspærene i det man før kalte arkitektlamper. De er egentlig lysrør med glødetråder, noe som innebærer at de gløder og avgir varme. Men de er ikke særlig energieffektive. Og siden man later til å sette stadig større fokus på en kulturell forståelse av miljøvernet – og kanskje betegnende og særlig i sammenheng med sløsing med elektrisitet, eller lite effektive måter å opplyse rom på – så er det også relevant å ta for seg forbruket i sammenheng med dette arbeidet. Det virker som om det er en tendens til å ville se på hvordan folk bruker og forbruker energi. Jeg blir ofte urolig og bekymret når jeg støter på denne lidenskapelige ideologiske holdningen at vi må redde planeten. Det skremmer meg. Jeg vil ikke underslå problemet. Jeg er sikker på at det foregår en global oppvarming. Som de fleste andre er jeg et offer for den propagandaen media skaper når det gjelder betydningen av alt dette.

Men især når det gjelder all resirkuleringen tror jeg man skal være forsiktig med å si at kapitalismen fører til sløsing. Alle slags andre regimer sløser også. Sløsing er uhyre viktig, og man bør være klar over problemet i Batailles forstand, som i «potlatch», for eksempel som i Marcel Mauss' essay om gaven. Jeg vender nærmere bestemt tilbake til George Batailles vidunderlige eksempel "La Part Maudite" (engelsk: The Accursed Share).[4]

SØ Så sløsing er noe man skal verdsette?

CWE Tja, i en viss grad. På denne utstillingen bruker vi teknologi som ikke lenger er i produksjon. Dette har sine sosiopolitiske sider. I en viss forstand er det helt relevant at disse lyspærene ikke lenger produseres i Europa og at det ikke er lov å selge dem. Noen har fattet et slikt vedtak fordi de ikke er energieffektive. Dermed har man erstattet dem med et annet system. Det er ikke ulikt det eksemplet som ofte siteres når det gjelder bevaring innen kunsten: Hva skjer med Dan Flavins arbeider når man slutter å produsere fluorescerende lysstoffrør?

SØ Det er derfor museene lagrer sånt utstyr.

CWE Ja, de lagrer det. Med de nye energisparende lyspærene blir kvaliteten på lyset så veldig forskjellig og virkningen

er så stor. Dette er en kjempeindustri, og det har så stor innvirkning på nesten hvert eneste menneske i vår del av verden. Det er dramatiske forandringer.

SØ Hvilke konsekvenser får den endrede teknologien for sansningens historie?

CWE Den gjør at kvaliteten på lyset blir helt annerledes, at opplevelsen av å være i et rom blir veldig annerledes. Det får store konsekvenser. Visst ser man tingene, men man ser ikke tingene på samme måte. Når det gjelder produksjon av visse former for lys, blir

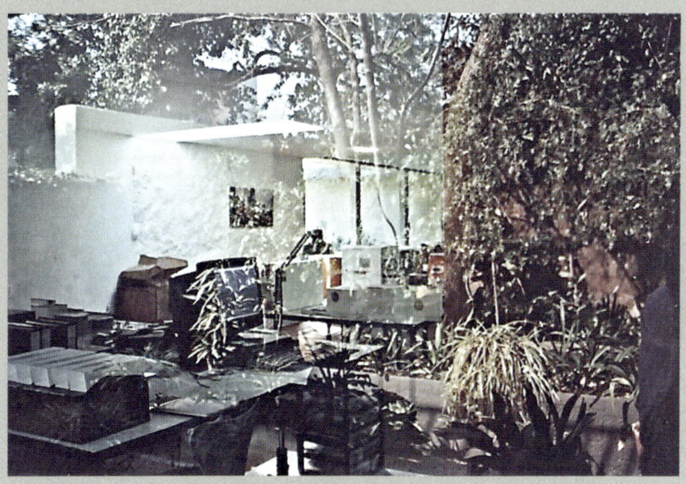

man selvsagt minnet om at når ny teknologi oppstår, når teknologien endrer seg – og især den som har med kunstig belysning å gjøre – så vil visse former for atmosfære være en saga blott. Mange av leserne kan minnes det samme som jeg. Nå finnes det yngre mennesker som ikke får ta del i den opplevelsen. Det vil alltid finnes visse måter å utvide sin bevissthet på. Når lysets egenskaper av en eller annen grunn forandres, understreker det at lyset vi ofte tar for gitt, det lyset som bare lyser på noe, som gjøre at boken kan leses, maten kan tilberedes, eller at gatene blir tryggere – den store sammenhengen dette avslører når man trer et skritt tilbake og tar inn over seg hva som virkelig i ferd med å skje, er at lyset har endret karakter i naturens historie. Og verden ser annerledes ut til forskjellige tider.

SØ Vi har allerede snakket om de intertekstuelle og refererende sidene ved dine

verk, og hvordan du i en viss forstand utfordrer vårt forhold til kunnskapen og vår intellektuelle kapasitet. Samtidig våger du deg ut på et mer umiddelbart møte med tilskueren. Dette er sjeldent forbunnet med konseptkunsten, men er noe som ofte trekkes frem som et særpreg ved din arbeidsform. Du har også denne siden, dette intime sjiktet. Du er opptatt av følelser, sansning og lidenskap. Du sier, jeg siterer: «Jeg skulle gjerne såre verden til bevissthet, jeg vil såre verden til klander og større ansvar så folk kan bli gladere i hverandre og få utvidet sitt uttrykk for hva det kan bety å være i verden.»[5] Så du avslører på et vis en form for romantisk lengsel. Det er altså mulig å møte ditt verk på denne måten, gjennom fortrolighet med temaet?

CWE Det du der siterer, er fra et intervju og en samtale med Susanne Gaensheimer på et tidspunkt da jeg må ha følt det sterkt nok til faktisk å uttrykke meg på denne måten. Folk har lenge sagt at mine arbeider er romantiske. Og samtidig føler de kanskje at arbeidene mine bærer preg av en formalisme som kan forbindes med stilformer som har sitt utspring i konseptkunst eller neokonseptualismen. Jeg husker da jeg for mange år siden leste en usedvanlig bok av Mario Praz som het *The Romantic Agony* – et storverk av denne italienske intellektuelle som betrakter «romantisk» som et omtrentlig begrep. Vi vender tilbake til en slik dialektisk betegnelse hvor den ene termen så å si eksisterer inni den andre. Det finnes historiske grunnlag for romantikkens fødsel som synspunkt, som begrep. Og det er selvsagt fullstendig altomfattende, jeg finner det utrolig fascinerende. Jeg skaper noe som ser ganske tørt og akademisk ut, på en måte teoretisk og hode-fokusert—men på undersiden er jeg veldig følsom, vet du...

Jeg har alltid syntes, både innen all slags forskning og på et personlig plan når det gjelder terapi og psykoanalyse, at dette skillet [mellom hjerte og sinn] er veldig overdrevet i den forstand at man antar at det ene utelukker det andre så man på et vis får en ubalanse. Derfor er jeg ofte blitt kritisert av folk som tenker som så at «Nå tenker du for mye, du burde føle ting.» Så egentlig betrakter jeg dem vel som uløselig forbundet og sammenflettet.

**SØ**: Ikke to atskilte elementer som er i virksomhet samtidig, men ganske enkelt sammenflettet? Smeltet sammen?

**CWE**: Ja, jeg tror det er et bedre bilde, en slags forklaring av det ene ved hjelp av det andre. Men så er vi i en viss forstand tilbake der vi begynte, hos subjektet og objektet. Det er naturligvis fristende å la subjektet innta den klassiske stillingen og objektet den romantiske, mens det motsatte vanligvis blir betraktet som nærmere sannheten og derfor anses som riktig. Jeg har alltid vært opptatt av hva man kan tillate seg å si, hvilke rom man faktisk kan befinne seg i, selv om jeg bare tenker gjennom et standpunkt for eksperimentets eller forskningens skyld. Eksperiment og forskning er jo to ord man gjerne forbinder med en vitenskapelig metode, noe kaldt og klinisk og analytisk, noe som i høy grad er «hode-basert».

**SØ** Intellektuelt.

**CWE** Ja, men rent fysisk kan jeg ikke gjøre noe med det faktum at jeg resten av livet hver dag må ta to tabletter for det høye blodtrykket mitt. Så iblant må jeg høre på kroppen. Jeg opplever ikke dette som noen konflikt: En side ved meg skaper den slags arbeid, men under det hele lurer det en lidenskapelig følsomhet. Jeg tror det er noe som går igjen i mitt arbeid. Tar man seg tid, legger man merke til det. Og jeg håper faktisk det fremstår som en slags nød-

vendig motsetning, for det er det som ansporer en. Når det faller til ro et sted, hører det kanskje hjemme et annet sted, ikke i den verden hvor min kunst blir skapt.

**SØ** Det er interessant at du nevner dette nødvendige motsetningsforholdet, for jeg tror kunstnere og kuratorer ofte kan ha vanskelig for å snakke om kunst på et følelsesmessig plan.

**CWE** Ja, jeg er ikke pinlig berørt, jeg blir ikke så lett flau, og jeg er ikke så sjenert at jeg ikke kan vise følelser når jeg snakker om arbeidet, og når jeg snakker om grunnene til at mange av dem jeg virkelig beundrer og ser opp til kan trekke veksler på denne lidenskapelige intensiteten som deres produksjon gjennomstrømmes av fordi de lytter til sjelen. La meg sammenfatte hva jeg mente da jeg sa at jeg ønsket å såre verden så den gjorde ting: Jeg mente at jeg ønsker å rokke ved visse maktstrukturer. Kunst er å sette spørsmålstegn ved virkeligheten, å forvandle verden så den blir mer fantastisk og vidunderlig. Hva er poenget med ens produksjon om man ikke kan innta eller nærme seg en slik posisjon. Hvis man som kunstner ikke er lidenskapelig levende og engasjert, kan man egentlig like gjerne gjøre noe annet. Kan man ikke leve med en slags rasende lidenskapelig intensitet for verden, kan man like gjerne skaffe seg en vanlig jobb.

Folk blir nok skremt av de hierarkiene som intellektuelle og akademikere konstruerer, denne veldig irriterende fisefinheten man finner hvor folk bruker kunnskap som våpen, som redskaper for terrorisme. Dette skjer ustanselig på skolen, ja i alle slags utdannelsesinstitusjoner. Faktisk overalt der folk anvender teorier for å herse med. Og det finner jeg deprimerende.

**SØ** Og også som et hegn rundt sin egen kunst, som et forsvar for den.

**CWE** Ja, det stemmer. Jeg vil heller bruke det som kamuflasje enn som panser. I en viss forstand dreier mye av mitt arbeid seg om denne forestillingen om maske eller kamuflasje. Når man får denne strukturen på plass, kan man arbeide bak den. I den grad det er mulig, når man gjør det, å rent paradoksalt innse at man

7   Det eksakte sitatet lyder: «Velg din plass i motsetningenes arena, der virkelighet og nytelse omfavner hverandre.» (Decide for yourself on your position in the arena of contradictions, where pleasure and reality embrace.) Hélène Cixous: «The Laugh of the Medusa», i Patricia Bizzell og Bruce Herzberg: *The Rhetorical Tradition: Readings from Classical Times to the Present*, Boston 1990, side 1241–1242.

opptrer bak den, og så åpner den seg og blir et mulighetenes rom. Da begynner man faktisk å se igjen.

**SØ** Så du reforhandler på et vis subjektet når du gjør dette?

**CWE** Den japanske forfatteren Yukio Mishima snakker om selve overflatens dybde. Han snakker om huden. Nærmere bestemt, i et avsnitt preget av stor intimitet og med sterkt erotisk ladning taler han om huden som den liminale grensen mellom det indre og det ytre. Man kan si at den er den synlige, fysiske kroppens grensesnitt mot omverdenen. Den er overflaten. Som seg hør og bør setter han spørsmålstegn ved hvorfor folk skal betrakte «overflaten» som noe overfladisk og ikke som noe viktig—og det er imponerende, det han gjør. Man må trenge inn under overflaten. Man må inn under et sjikt. På samme måte som folk kan synes at hodet er mer overfladisk enn hjertet, siden hjertet også på et vis befinner seg under det. Det er så sant som det kan bli sagt at folk bruker sine begrensede åndsevner, eller sine anselige åndsevner, til å skape skranker og grenser og gjør bruk av dem som en slags forsvarsmekanisme. Samtidig tror jeg at hvis man virkelig mener noe med sine følelser og tanker, så flyter de sammen et sted.

**SØ** Det veves sammen.

**CWE** Det veves, det hører uløselig sammen. Man kan naturligvis gjennomgå dem som atskilte kategorier og behandle dem deretter. I så fall leker man jo bare et eller annet navnespill. Jeg tror ikke noe kan fungere i isolasjon. Derfor har man regler, det er visse ting man kan gjøre og visse andre ting man ikke kan foreta seg fordi det er en slags logikk i det hele.

Matematikk er logisk, og ren matematikk er ikke frijazz. Men kan man ikke ha ren matematikk og frijazz i samme rom?

**SØ** Det kan man da så avgjort.

**CWE** Dermed prøver jeg ut disse tingene i samme rom.

**SØ** Ja, det gjør du, og det er derfor jeg ville ta opp dette. Du tar det opp som sameksistens–ikke motsetning, ikke uoverensstemmelse, ikke dikotomi. Men de er der. Det blir vel et spørsmål om hva man skal kalle denne sammensmeltingen.

**CWE** Ja, ta for eksempel Andy Warhol. På et visst plan var han den mest teoretiske av alle kunstnere. Han er så besnærende. Han er så komplisert og slik et herlig oppkomme av inspirasjon. Særlig Warhols filmer. De har denne kjøligheten, avstanden. Den optiske avstanden. Denne hjerteløsheten. Denne objektive, kalde avstanden. Og samtidig er filmene besjelet av lengsel og begjær. Man kapper ikke opp Andy Warhol i småbiter når man ser på et Marilyn-bilde. Man ser faktisk noe høyt utviklet, fullt av intensitet.

**SØ** Dette fører oss kanskje tilbake til sansning. At dette er syntesen av det du fornemmer. Du får egentlig ikke satt navn på det.

**CWE** Jeg synes det skopiske regimet er for deterministisk, og det tror jeg Duchamp hadde rett i–at det retinale er for deterministisk og vår tidsfølelse gjør at vår iakttakelse av det romlige blir for deterministisk.[6] For i en viss grad er det retinale, billedkunstens visuelle side... og en eller annen tåpe vil nok hevde at det kalles visuell kunst fordi den er visuell–nei, fy faen! Vi snakker om sansning som denne store, veldig synaptiske utstrålingen i alle retninger. Alt bidrar til ens oppfatning av et kunstverk. Og slik forsøker vel mitt arbeid å flytte grensene for det jeg kaller dette utvidede feltet. Man kunne kanskje kalle det et «intersanselig» felt? Noe som er en synestesi mellom å lytte slik man ser og å se slik man føler. Disse erfaringens mellomsoner, som kommer mye nærmere «sånn det virkelig er». Tenk så forskjellig fra å stykke opp det hele i lutter kategorier innen dette feltet. Jeg bedømmer ikke arbeid ut fra at jeg mener det er en lyte

ved det det prøver å oppnå. Det er ikke en slags oppskrift man har avveket ørlite grann fra. Det kommer selvsagt an på hva man prøver å oppnå. Men jeg tror disse motsetningene er iboende og produktive. Jeg tror man lever hvis man kan leve med uoverensstemmelser.

**SØ** Å omfavne dem.

**CWE** Ja. Omfavne. Det er en tekst jeg stadig vender tilbake til, nemlig «The Laugh of the Medusa» av Hélène Cixous. Oversatt mener jeg setningen lyder «tre inn i motsetningenes arena der virkelighet og nytelse omfavner hverandrec (come enter the arena of contradictions where reality and pleasure embrace).[7] Det har jeg det helt fint med.

**SØ** Å befinne seg i denne motsetningenes arena...?

**CWE** Tja, jeg synes det er vidunderlig å invitere noen: «Kom og bli med til dette stedet. Bli med meg til dette motsetningenes sted».

# AND AT THE FALL OF NIGHT, THIS CITY'S MADE OF LIGHT

CONVERSATION: CERITH WYN EVANS AND SOLVEIG ØVSTEBØ

**SOLVEIG ØVSTEBØ** We are in the process of installing your show here in Bergen Kunsthall and I would like to start by talking about how you negotiate the relationship between the subject and the object in your exhibitions. You have earlier stated that an experience or an act can be the 'object'. By questioning the notion of what the material is and what the object is you consequently also renegotiate the notion of subjectivity. There seems to be a certain sensitivity to these questions woven into your work?

**CERITH WYN EVANS** OK, we're starting at the deep end. Essentially there's a drive to question the commonsensical notion of these definitions, of the separation of the object and subject. The object is traditionally conceived as some *thing*, with a certain volume, a certain weight and a certain presence. The relationship between subjectivity and the subject is of course a huge territory, but subjectivity as such is considered to be internal, intractable, defined almost by not being an object. I suppose I think of the terms subject and object—and their dialectical relationship—as mutable, as approximations. One of the things that is tempting—not only tempting, but has been actively rehearsed and played out—is a repositioning of the subject as the object, and the object as the subject; a kind of role reversal of the traditional values that are assigned to objecthood and subjectivity.

That's part of the rules of the game for the exchange: the object can behave as the subject and vice versa. Essentially, 'subject matter' is when you can say that this is a photograph of something, a referent, an a-priori or given that relates to a previous set of conditions. And 'object matter', I suppose, can then be considered as the stuff that something is made of. In that respect, then, the object is very often the subject matter. And I suppose I'd like to rehearse a scenario, without simply playing with words, where the subject could become object matter. So, yes, exchanging roles, exchanging values and testing the limits of what those definitions might be is often my approach.

**SØ** So by challenging the definitions of objecthood you are also creating new positions for subjectivity?

**CWE** Yes, I definitely think there is an attempt to do that. An exhibition space is filled with a number of objects and on a basic level you could say that one of the basic definitions of the object is that you can draw a line around it. Or for instance that it casts a shadow. But I suppose I try and extend the boundaries of what might come under these rubrics by casting the net much wider. To paraphrase Rosalind Krauss, is it possible to think of the object in the expanded field? And what's at stake if one considers experience for example? What is the objecthood of experience? What kind of object is perception?

**SØ** Yes, and what happens to the subject once you say that the experience is the object?

**CWE** Right. To a certain extent there is a reflection on and interrogation of the subject, because the object is then perhaps used in some proactive sense, as some kind of tool to question the status of subjectivity. It's all too easy to get rather tied up and get lost in subjects and objects and their 'trans-states', the fact that they can actually transmute, that they can change, one can turn into the other and vice versa.

**SØ** I wanted to start there because I think that these negotiations have an impact on the relationship between the viewer and her role in your exhibitions, and the way the exhibitions are laid out or staged. How and when does the spectator play a role in your work?

**CWE** Well, I consider the viewer, the observer, subject, or any number of things that we can call the viewer or classify the viewer as, to be the intrinsic factor in constructing, staging, occasioning (to turn the word occasion into a verb) a set of relations in a space. So who is the person that has to be in the room, as it were, to complete the work? I believe it's possible to think of the viewer as material. And I suppose when I approach an exhibition such as this one, the relationships that are staged and made present for the viewer are not possible without the presence of this visitor as part of the completion of the exhibition. It's almost as if the object needs this kind of alteration of perception in order to exist. But essentially, at a very pragmatic level, I put myself in the position of the viewer; even at the most basic level—I go back to look at the plan. Where is the way in? Where is the way out? In this particular instance, in the Kunsthall, you enter in the middle of the space, and in this initial room you have a choice to turn left or right. So the person who comes to the exhibition, the viewer, has to make a decision.

Here in Bergen Kunsthall you have to leave the way that you came in.

Consequently, you have to see everything twice. You have to go to the end room and then you have to return in order to get back through. What is often the case for big museums like the Metropolitan Museum, or the British Museum, is that they have these hugely populist blockbuster exhibitions. The whole infrastructure of the museum is merchandized and supports a certain process where people

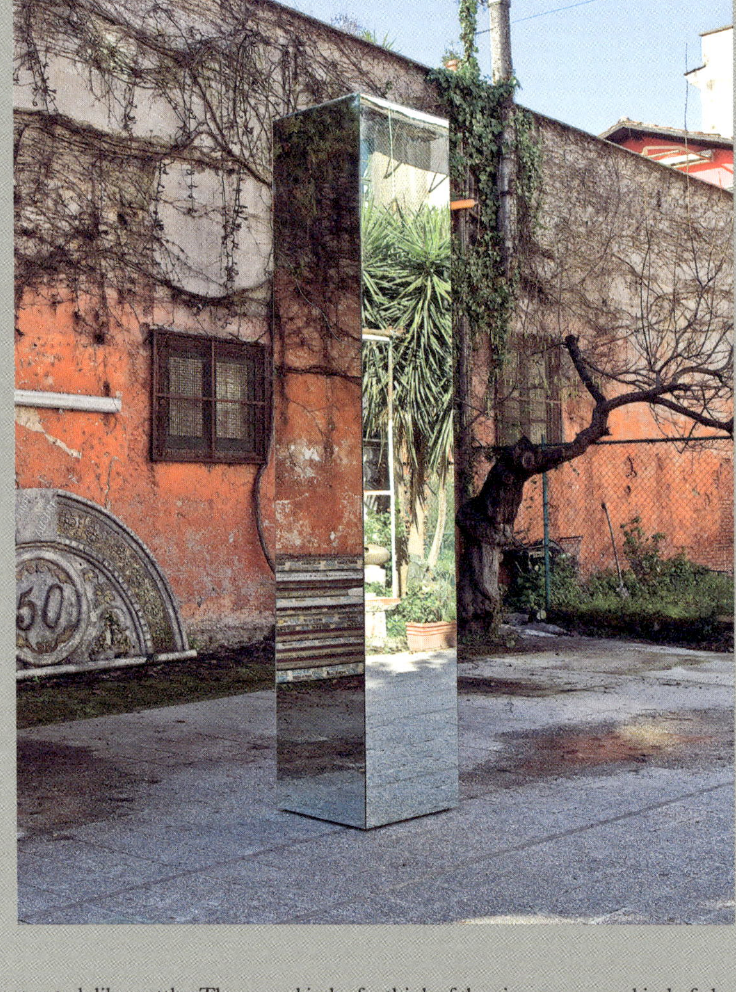

are treated like cattle. They are kind of guided, sort of forced through the exhibition. And as I'm a quite perverse and willful person, the number of times I have been told by guards that you can't see an exhibition backwards has been many. You know, they expect the people to start from room one because of the heavily imposed and overdetermined narrative structure. You go chronologically from early to middle to late. You see this very often in survey exhibitions. So you start off with the drawings that Beuys did as a teenager, and you

end up with the profoundly moving and kind of mortality-inducing late work as the poor artist is facing death's door. The exhibition I intend to do here is different, in the sense that it is much closer to setting a scenario, like the *mise-en-scène* in a theatre play or in a film. I'm maybe a little cautious of this [theatrical] metaphor generally, but certainly there are parallels, to the extent that it might even be possible to

think of the viewer as some kind of character within that scenario. As someone who is playing a spectator.

SØ I would guess that the guidebook through your exhibitions would be more complex and variable. You do the opposite of these museum shows. You wait for the spectator to make her choice. Then you present the consequence of that choice and it differs from another choice. Do you feel that we are being referred here to what Mikhail Bakhtin would have called

a polyphonic experience, something that paves the way for many different voices instead of merely the perception of a back and a front? How do you relate to this idea of greater choice?

CWE Essentially there are five works in the show, and I think of those works in the show as being in concert, in conversation with each other. So they are not only spatially proximate in that they occupy the same rooms. The rooms themselves are like objects in relation to each other—which is a given, because we haven't changed any walls from the plan that I received, which said that we have four rooms and they form a straight line from this axis. So essentially the works occupy and articulate—and again perhaps reflect on and interrogate—the spaces that carry them. There are seven columns that are divided between three rooms in the space. One room is left without a column because for me it acts somehow as an interlude, a space that actually kind of breaks up the model with one object of the same kind equally divided between the four rooms that constitute the exhibition space. The columns are all made from filament-strip light bulbs, and they fade up and down. Since they are made almost exclusively from just these transparent glass tubes, there's no inner structure. Essentially, then, when there is no light, the column is transparent, so it is actually possible to see through the column and for instance see other columns that may be shining through the column that isn't illuminated. Because of the way they are made to behave, fading up and down, they are relatively invisible. Each one has an independent fader going from a rather transparent state to so bright that they are almost hard to look at. So at that point they almost become invisible again, as you get too close and it becomes uncomfortable to look at the object. These columns run as a kind of theme and act as a kind of leitmotif throughout the exhibition.

SØ How do the columns relate to the space, as they are architectural forms themselves?

CWE We associate the columns with architectural form. We think of columns, decorative or not, essentially as architectural forms that support the ceiling.

They support what is above. But if one looks close enough, these columns don't touch the ceiling, and they barely touch the floor. So to a certain extent, these columns literally bear no weight. It's obvious that the columns don't support the architecture; they are not playing the roles of columns proper. They are in suspension. They are floating in the space; they are between heaven and earth. They appear to be columns, but then again they are made of light and the light is constantly changing. So to a certain extent they form the first set of objects that are just one step up from the base note of the empty gallery—specifically in the case of the smallest room in the exhibition, which only has one column in it, which you can't see until you're very close to the entrance to that room. You're aware that there is something in the room, because you can see the light is changing the tone or the amount of illumination on one wall in the room. It takes a leap of faith to imagine that—since you can't actually see the thing. You can only see its effects. Consequently then, the columns are creating some sort of illumined zones around them. Where does the object begin? Where does the object end? The column is literally made of glass and metal and electrical cabling and wiring. But essentially the light of the column travels further. To a certain extent it might be possible to think of the column, the experience of the column, as being a much bigger object than it physically is.

**SØ** And again the limits of objecthood are blurred. It glides over into experience.

**CWE** Yes, their borders or limits are permeable. When I gave instructions to the person who is programming the dimmer units for the columns, the most efficient way of communicating what I wanted to do was just to say "Imagine that they are breathing, quite calmly". That's the kind of speed at which they're programmed to dim down and up. The columns have three different diameters, and this certainly creates a subtly different way in which the space is perceived. Initially people may be confused. The three diameters are not enormously different. It's a trick of perspective: By putting a tall thin column far back into the space you give the illusion that the space is much bigger. Consequently, depending on where you are and where your sidelines are around you in that space, you create potentially different distortions in the way in which that space is read, and in the way it is articulated.

**SØ** I find this way of 'disturbing the conclusions' highly present in your work. Once you think you've arrived at the conclusion, something comes in from the side and confuses you, telling you that this isn't what you thought it was, and you find yourself starting to search for a different set of conclusions.

**CWE** Yes, that's right. I do think that they are staging moments of doubt, allowing people the luxury of being able to ask a question or somehow disabling their certainties, their soft preconceptions. It's possible to open up an area of inquiry that is more than just an intellectual game. I think there are implications that resonate with their social, psychological, emotional, poetical, political and spiritual register. It opens up a space for alternative behaviour, alternative thinking and alternative ways of negotiating the relations that are set up.

**SØ** You also add to this space of alternative behaviour by placing a sound piece among the columns.

**CWE** Yes, we have this new piece made specifically for Bergen Kunsthall. I am very cautious about post-rationalizing and forcing relationships between works, perhaps because it's very tempting to feel that there's a conceptual consistency to the relation between them. However, one can't help finding these relations, because they contaminate by proximity. Not only physically in the space, but you realize that there were drives in place, perhaps unconsciously, specifically in relation to this sound piece, this flute piece, which very specifically and intentionally involves invoking the notion of breathing. That's what the musician does, that's what the human being needs to do—to use their breath in order to articulate, in order to play the musical instrument—the flute. In this particular case we replicate the lungs with an artificial source, so it's perhaps closer to a flute organ. I suppose I became interested in the relationship between the body as an organ and the body without organs. The flutes are programmed to play a huge variety of different sounds. Technically there are seven flutes, including an open flute where none of the holes are stopped. Each flute has its own note, so it's like an organ in that it's possible to combine the sounds of the seven flutes. The flutes are glass crystal, sort of suspended in the air, and formally of course they bear a relation to the columns.

In a sense, then, the flutes form corollaries horizontally to the verticality of the columns. So there is a kind of formal and material resonance, and rhyme if you like, between the two different elements. But then you are in a classic 'son et lumière' situation, because you have the columns that light up and you have the flutes that play music.

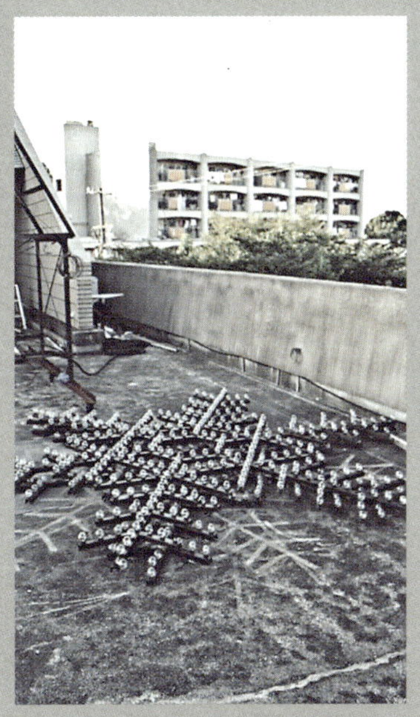

**SØ** So these two works make up a kind of non-material grid of light and sound?

**CWE** Yes, I think of it as an X and Y chart, really. One coordinate is perhaps best thought of as an index and the other as a register. So it's kind of the interrogation of an index by a register. Both are moving, not only within their own linear trajectories, but also through each other.

The experience of being in the space is, of course, far more visceral than that. But there is a playful relationship between the columns and the flutes. Sound and light bleed through in different ways. When they cross over, when these zones contaminate each other or merge, then it is possible to use the atmosphere of the exhibit as material.

**SØ** You make a new object…

**CWE** Yes. It is possible to interrogate that objectness by putting it in a precarious relationship to certitude. And I think that is very much sought after. And in this exhibit it has been very satisfying for me to achieve that. At the moment, when speaking about it, I'm quite satisfied that the objects are not totally 'behaving'! They have a life of their own.

**SØ** In this show we also included an older piece that you have returned to several times, *Un coup de dés jamais n'abolira le hasard*.

**CWE** Yes, we also have this text piece, or rather the absence of a text piece in the poem by Stéphane Mallarmé, *Un Coup de Dés*, which is rather famously, notoriously untranslatable.[1] But the accepted translation currently appears to be "Every revolution is a throw of a dice". Essentially, the poem, in its radical fragmentation and layout, has resonates with a kind of musicality, because the intervals between the words and spaces created graphically on the page become as interesting as the position or meaning of the words. Much has been written about this. Many artists, musicians, writers and visual artists have taken this highly influential piece of work as a sort of starting point. My relation to this is mediated through the relation of another artist, namely Marcel Broodthaers, an artist I am very fond of, who has proved to be a source of great inspiration to me on numerous occasions. The exhibition Décor in 1975 at the ICA in London was enormously impressive and very influential on my thinking on how it is possible to approach and make art.[2] Marcel Broodthaers made a work of art appropriating the Mallarmé poem. He worked with a printer to make black bars that would cover each phrase or word in the poem. Essentially he took the step of erasing the language by printing over it, and consequently one could think of it as a palimpsest—a marking-over of something to cover up the thing beneath. One could also think of censorship. But essentially what he does is, he highlights the graphic position of certain words on

a page. By removing the actual meaning, the letters and the syntax become the poem itself. What he is doing is creating a formal set of relations of ink on paper, which of course relates to this erasure of the Mallarmé poem. I chose to actually take that as my starting point and take it a step further in the game by taking the Broodthaers blacked-out text—and cutting it out completely. I created a poem-shaped void, a kind of window; a kind of nothingness.

In a sense it's ventilating the picture, and creating a sort of 'through-space'. William Burroughs rather famously says "the way out is the way through", and I suppose I associate with that to a certain extent.[3] The particular wooden frame has its own set of associations for me, because as a guide to the frame I took the black keys from a Bosendorfer grand piano as the finish I wanted the frame to have. In a sense, if only subtly, I wanted to evoke the notion of the grand piano of music, of intervals, of the space in between notes, of percussiveness. There are 22 pages of the poem that are conventionally hung on the wall, and what happens when the pages are framed in this way, sandwiched between two sheets of glass, is that what you see in these intervals, in these cut-outs, is a view of the wall behind the picture. It's see-through. It somehow evacuates the picture, in that it actually makes the picture a kind of framing of the void. So, to remove that signification and to foreground or highlight the materiality of the wall itself is to somehow radically touch the materiality of the Kunsthall itself. What you're actually doing is framing the wall or framing the Kunsthall on a different kind of scale. The poems represent something in terms of a series also, but the frames are all the same and all different, in the sense that the columns are all the same and all different. So there's another kind of corollary there for something in series.

**SØ** This work also brings us further into the complexity of your oeuvre, and is a good example of how it is not only about time, light, sound experience, reception and perception, but you also confront us with an intertextual sphere characterized by quotes and never-ending references to historical and cultural icons.

**CWE** Well, I think of it as an invocation, as something like a séance, where a

1  Stephane Mallarmé: *Un coup dés jamais n'abolira le hazard*. Gallimard, Paris 2008 (1st edition 1914).
2  *Décor: A Conquest by Marcel Broodthaers, (La Bataille de Waterloo)*, ICA, London 1975.
3  See for example: William S. Burroughs: *Naked Lunch*. Flamingo, London, 1993, p. 180, or William S. Burroughs: *The Wild Boys: A Book of the Dead*. Grove Press, New York 1971, p. 82.

spirit is evoked—brought to the table as a source. It's a citation, a quotation, or an appropriation in this case, and a nod towards something that was already within a chain of references. Whether you're familiar with that chain of references or not, specifically in the case of the Mallarmé piece, knowing the works of Marcel Broodthaers or knowing the works of Stéphane Mallarmé will have an impact on your perception of this piece of work. How do we get around actually informing people that these changes are in any way interesting, let alone significant? I want to be very careful here, it's not that I'm saying "Those people can have the columns" because they don't really have those references that are so specific or determined. But in this particular instance I felt that it is was possible to bring along with me, as I have done on so many occasions, my master Marcel Broodthaers; somehow—through the anxiety of influence that he exerts—bring him into the game. Broodthaers has been a constant for me.

**SØ** Signs and associations that are linked to these cultural icons and their work are discussed again and again because you bring them into the foreground, on to the stage again, so to speak. Whereas history books seem to have sorted them and positioned them, you re-enact their messages and mix them with your own interpretations. There seems to be a circular, pluralistic intertextuality that leaves everything open—marked, one might say, by an omnipresent unfinalizability. But as has been pointed out in earlier essays, there's also the risk of having a heart attack if you have to deal as a viewer with all these signs and references.

**CWE** Well, you aren't forced to do that, but in a particular way it rewards a certain amount of attention or—I hesitate to say—study.

sø There's nothing wrong with studying.

cw I think there is also nothing wrong with confronting the viewer, the participant, the observer. I think I have to be careful again, because we don't want to get sidetracked into this—but I think populism can create a lot of very banal situations that don't reward this engagement that sometimes takes a considerable amount of effort on the part of the person who is there. Burroughs talks about "ports of entry", he talks about the fact that it might actually be possible to enter into a text, into a relation at many different levels; to be aware of what those levels are, to be able to play through them, to exchange them, to ignore some, to investigate others; I think there is a certain liberating quality to the fact that it is possible to decide at what level you want to make an entrance.

sø I guess this can also be said about the new neon sign, which also refers to William Burroughs with the quote: "Look at that picture, how does it seem to you now… Does it seem to be persisting?".

cwe The neons that I make really represent subtitles to everyday life, subtitles to reality. They are made in a very familiar, neutral typeface which is very close to the subtitles of a foreign-language film. Putting that subtitle into the space itself was an attempt to imply somehow that reality was a movie that was played out. Now, in a sense, this sentence from William Burroughs is appropriated from his cut-up experiments, which were in turn something directly appropriated from the thoughts of the Lettristes and before that from the Dada movement. Through noise and sound-poetry you go into a text, you cut it up, you re-organize it according to other principles and you see it from a different angle. You see through it, you somehow expose (and not only formally) certain idiomatic turns of phrase. You actually interrogate the meaning to the extent that you expose something, and not only about its structure. Burroughs would maintain that you expose something that navigates through or rather short-circuits

rational thought. So by distrusting the narrative flow, which could be perceived as being in the service of the hierarchical forms of the dominant ideology, it would be possible to expose the undertone, what was really going on; what meanings could be actually revealed that had been occluded by common sense, occluded by power. So it's really a spirited attempt actually to undo those hierarchies or soften them, level

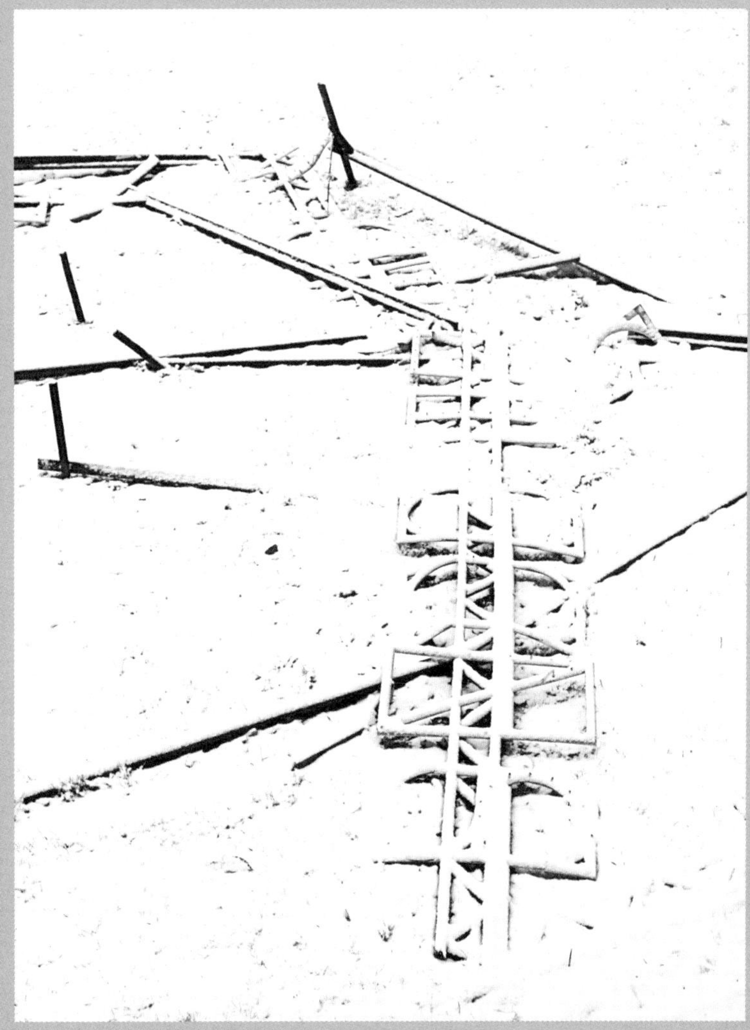

them out in a way, so it might actually be possible to perceive them, and consequently address them.

sø Why did you pick this specific sentence? What is the relation to the other works in the exhibition? Does this text function as a subtitle in the exhibition?

cwe It relates very much to the entire exhibition—that's for sure. The nature of the sentence, which is really a rather

strange sentence within the context where Burroughs uses it, is that it is very specific to cut-ups and repetition, the work that he did with his dear friends Ian Summerville and Brion Gysin in relation to the experiments that they were collaborating on, within a very particular area of their research in the late 50s and 1960s. The sentence "Look at that picture. How does it seem to you now? Does it seem to be persisting?" implies,

like other works in the exhibition, that there is a change and that the image can mutate; that it doesn't stay still. Not only that it has a certain kind of resonance in relation to the moving image, like cinema. But within the context of Burroughs also, I can't help using the sentence without also hearing his voice. And I can't help hearing the sentence without hearing the sentence over and over and over again. So "Look at that picture. How does it seem to you now? Does it seem to be per-

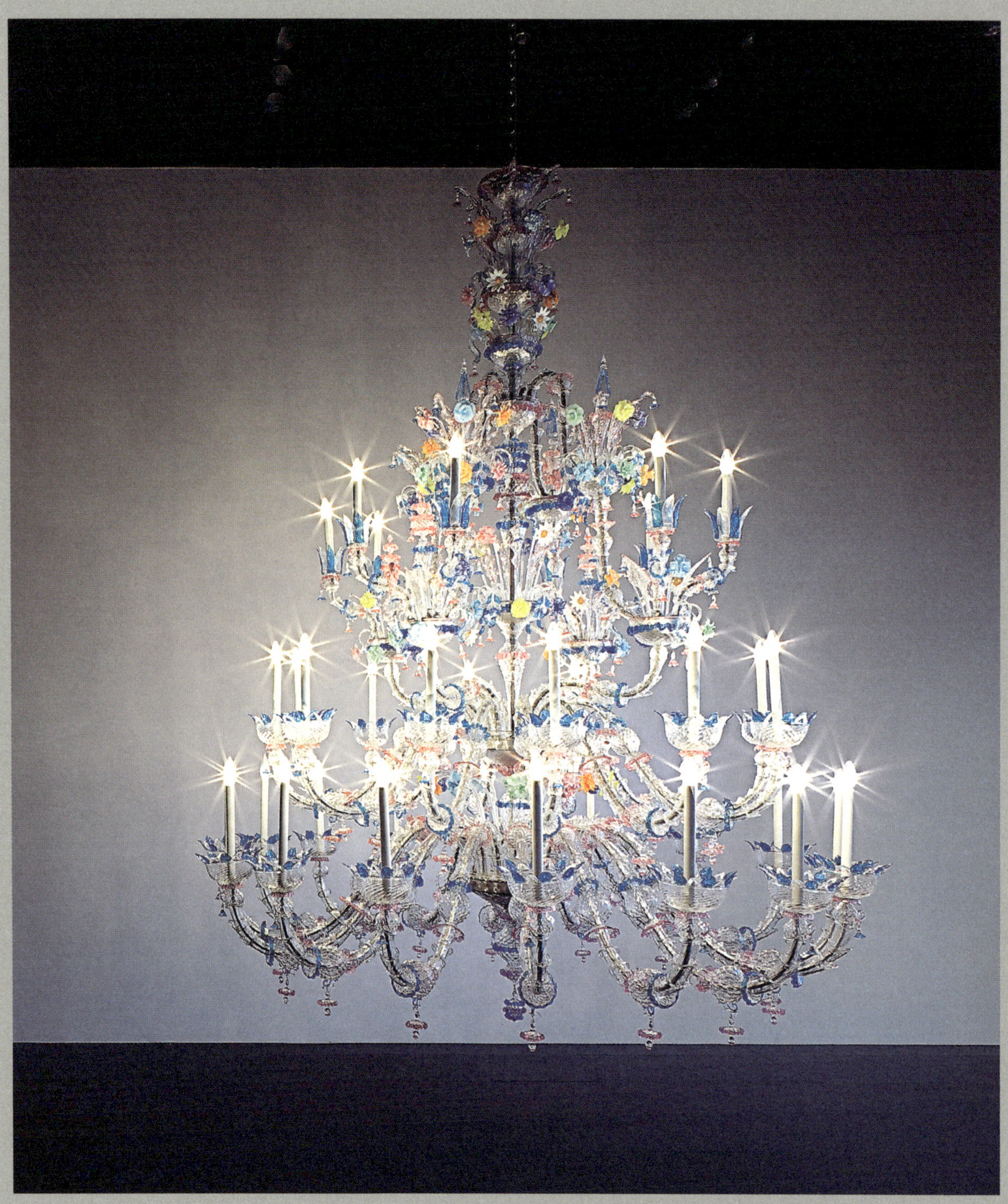

sisting?" implies that something is changing, even within the time that it takes to read the sentence.

'Persisting' is also strange, because persisting also implies that it is somehow being held there and that the picture is constantly playing itself out in present time. "How does it seem to you now?" The "now" implies that it's a different time. "Look at that picture" is at this time. "How does it seem to you now" is a second after I said "Look at this picture." Does it seem to be persisting? So in a sense, it's a kind of feedback loop that I install at this point in the exhibition. You are staying still and you are moving at the same time.

One is constantly in the present and the present is constantly changing. The sign represents a moment in the exhibition where it might be possible to reflect on the experience. It foregrounds the experience with which you are being directly confronted. A work of art is confronting you. You are being asked a question. Right there in front of you.

SØ You seem to be dealing with the notion of time on so many levels. The content of this quote is one example. The time between light and darkness is another. It is also interesting how you level out time or hierarchies by appropriating texts by other authors.

CWE Yes, there is a kind of polyphony of times stacked on top of each other. My intuition at the moment, as we are installing it, is that this exhibition comes as a summation. Not that I see it as in any way kind of definitive, but a lot of things are coming into a more crystalline focus in relation to this exhibition. And it is revealing to me because I think there is a possibility for change, a slight change of tag, a slightly different and new address, which is proposed by my experience of putting this exhibition on, which is very stimulating and exciting to me. As for the references to other authors and other critical texts or cultural icons, much has been made of these. Artists have always reworked and used something as subject matter that has been determined and overdetermined. One only needs to look at the variety of religious icons or at mythology, or really at 'art about art'. For me there are two things that might be worth mentioning: the influence of cinema and the influence of literature.

What cinema stands for has been enormously important. I made films for many years. But I was never really a filmmaker. I always thought of myself as an artist who made films.

SØ In what way were you not a filmmaker?

CWE I suppose one could say that I have been referred to as an experimental filmmaker. I wanted to work with non-narrative cinema, cinema that was essentially about not telling stories but looking at pictures. The condition of cinema and perhaps the relationship of cinema to text was very interesting to me. The subtitle became very important, because it opened up a new space where new things were possible. The rules of translation, the games of translation, theories of translation and subtitling, all of these have been very rich sources of engagement and inspiration for me. There is that compression of language. I'm a bit cautious of that autobiographical drive, as if it all came from some kind of psychoanalytical source, where your young life has influenced what you end up somehow constantly referring to and repeating. But I made three short Super-8 films. I had been threatened with being thrown out of art school for many years, on and off. I was completely committed to my work sphere. It's just that at that time I felt, maybe somehow arrogantly, that creating more objects in the world was actually counter-productive or counter-revolutionary, uninteresting. The work that I was doing was a sort of research work in and around reading, collage work, cutting up photographs. I was doing that from very early on.

SØ But despite this thorough research, all the information that you make visible in the show is of a more associative nature. You have also responded to our initial conversations where we wanted the exhibition not to be 'compiled' of several independent pieces. It was supposed to be one big piece and to work at a certain level of site specificity.

CWE I very much thought of the Kunsthall as a work in the show. It seems like such an obvious thing to say. I don't really think of it as just being the venue or the container in which objects are placed. It's not. The space is very much an ingre-

dient and material and subject matter for the works. I hope it might be possible without being misunderstood here; I hope it's possible to think of Bergen Kunsthall as a work in the exhibition somehow. Paradoxically enough, I think of the architecture as being intrinsic not only to the experience of witnessing the exhibition, which seems like a very obvious thing for it to be; but I thought of it very much as an ingredient. Sure, it is a given, but there will be all sorts of things which we could do to the space, which would transform it, privileging the objects that we are introducing into the space differently.

SØ By using the institution as a work of art you take the whole debate about institutional criticism to the next level. You are not only relating to the inside but also dealing with the whole structure of the space. In this you seem to be very comfortable with the white cube, but at the same time you question and interrogate the space. How do you relate to the theoretical notion of the institution?

CWE The white cube became idiomatic after the important text "Inside the White Cube" by Brian O'Doherty, the essay that explores the myth of the neutrality of the white cube. It points out that this seeming given, this neutrality, the white box, is completely loaded and has its very specific cultural and social and political history. Having made those few comments about the white cube and its relationship to the text—the building we are in here at Bergen Kunsthall was made by a modernist architect, Landmark, in the 1930s and was originally planned as a painting gallery. Here you have all those previous exhibitions sort of stacked up as ghosts within the wallpaper of the exhibition, really. People used to question what currency the institution is dealing with, how it has evolved and how it continues to evolve. Many people are questioning what the roles of the institutions are at this significant time. This lets us look back at history, look back even at a concept like "the end of history". So people are taking stock of history within the institution. The institution will have to adapt and change and grow to meet the needs of its users. So one of the things that are possible to do within the broader context of an exhibition is to question what the institution can do, how the institution can perform more efficiently—and I don't mean that in terms of saving energy, but in terms of how it can more proactively expand the consciousness of its viewers and appreciate their values. How does it serve its public? What does its public expect of it? There are certain things that are tried and tested and I've been in a controversial relationship to several institutions.

**SØ** You use the concept of the 'site' as part of your investigations?

**CWE** Well, I think you have to. You can't just treat it formally, like saying this is a beautiful building, this is an exquisite white room. But all that has to be taken in a wider context. It works both ways, the permeability. It goes out from the epicentre of the experience, which could go from standing in the presence of the work right out to various avenues of communication, distribution, reception—which are every e-mail you send, the graphic designer, the person that works in the bar, the bar menu and all those practicalities.

**SØ** We have talked about time—also in relation to experience. But we haven't spoken so much about light, and the history of light, which I know you have been contemplating for quite some time now.

**CWE** Yes, Thinking about light through time is certainly interesting. The light in the columns is emitted by incandescent light bulbs, which are no longer manufactured. It's possible to say something about the culture that produces in-built obsolescence in its products. Then by extension it might be possible to go on and talk about the implications of seeing a product like this, these light bulbs, in what were traditionally called architecture lamps. They are essentially incandescent strip lights, which means that they glow and produce heat. They aren't very energy-efficient. And since there seems to be an increasing focus on cultural notions of conservation—and perhaps tellingly and specifically in relation to the waste of electricity, or inefficient ways of lighting space—it is also relevant to address the notion of expenditure in relation to this work. There seems to be a cultural shift towards a review of the way people use and expend

energy. I am often apprehensive and concerned when I'm faced with this passionate ideological position that maintains that we have to save the planet. It terrifies me. I'm not a nay-sayer. I'm sure global warming does exist. I'm like most other people, just a victim of the propaganda that the press creates in and around what that means.

However, specifically in relation to the culture of recycling, I think it's wise to be circumspect about the fact that capitalism wastes; all sorts of other regimes waste too. Waste is extremely important and should be recognized in the sense of Bataille, in the sense of 'potlatch', in the sense of Marcel Mauss' essay on the gift, for instance; specifically I am returning to the wonderful example of George Bataille's "La Part Maudite"—The Accursed Share, as it is translated into English.[4]

**SØ** So waste should be valued?

**CWE** Well, I think to a certain extent. In this exhibition we are using this technology that is no longer produced. There are socio-political implications to that fact. I mean it's quite relevant on a certain level that these light bulbs are no longer produced in Europe, and it is illegal to sell them. Someone has decided this for the reason that they are energy-inefficient. So they have been replaced by a different system. It's much like the example that is often quoted in relation to notions of conservation within art: What happens to the Dan Flavin's when they stop producing the fluorescent light bulbs?

**SØ** This is why museums stock up on this type of equipment.

**CWE** They stockpile them, yes. With the new energy-saving light bulbs the light quality is so dramatically different and the impact that it has is so significant. It's such an enormous industry and it has such an effect on almost every single person's life in the part of the world that we live in. There are dramatic changes.

**SØ** What does this changing technology mean for the history of perception?

**CWE** It means that the quality of the light is completely different, that the experi-

4 See: Marcel Mauss: *The Gift: the form and reason for exchange in archaic societies*, London: Routledge, 2002; and Georges Bataille: *The accursed share: an essay on general economy*. Translated by Robert Hurley, Zone Books, New York 1988–91.

5 Cerith Wyn Evans in conversation with Susanne Gaensheimer: "The Birds have to constitute the music this afternoon", in the exhibition catalogue: *…in which something happens all over again for the very first time*. Paris: Musée D'Art de la Ville de Paris/ARC, Paris 2006, p. 187.

ence of being in a room is extremely different. It has huge implications. Sure, you can see things but you don't see things in the same way at all. When it comes to the production of certain kinds of lights, this of course reminds you that with emerging technologies, with changing technologies—and especially those to do with artificial lightning—there are certain atmospheres that belong to the past. Many people reading this will remember the same as I did. Now there are younger people who won't have that experience. There will be certain ways in which we have to extend our imagination. When the quality of light changes for whatever reason, it highlights the fact that the light that we often take for granted, the light that just shines on something, that makes the book readable, the food preparable or the streets safer—the bigger picture that it reveals if you take one step back and look at what really is at work is that there is a physical history in which light has changed. And the world appears differently at different times.

**SØ** We already spoke about the intertextual and referential aspects of your work, and how you are somehow challenging our relationship to knowledge and intellectual capacity. At the same time you also dare to meet the spectator in a more immediate way, which is rather rare in conceptual art, but is a notion often used to describe what you do. But here you also have this aspect, this layer that is intimate. You deal with feelings, sensation and passion. You say, and I quote: "I would like to hurt the world into consciousness, I want to hurt the world into blame and further responsibilities so that people can be more in love with each other and extend the possible articulation of being in the world."[5] So in a sense you display a kind of romantic desire. So it is also possible to meet your work trough those channels, through this intimacy with the subject?

**CWE** The quote you used there was from an interview and a conversation with Susanne Gaensheimer when I was feeling, I suppose, motivated enough to actually make a statement in that way. I suppose my work has been called romantic for a very long time. At the same time people might perceive the work as having a kind of formalism that might be associated with the styles produced by the scenario of conceptual or neo-conceptual art. I remember many years ago reading an extraordinary book called *The Romantic Agony* by Mario Praz—a great work by the Italian intellectual who speaks of 'Romantic' as an approximate term. We go back to this kind of dialectical term where one term sort of exists within the other. There are historical foundations for the birth of Romanticism as a position, as a term. And it is of course absolutely all-encompassing; it is absolutely fascinating to me. I'm making something which looks rather dry and academic, kind of conceptual and head-based—and really underneath it I'm all heart, you know…

I've always found, in all kinds of research and personal history in relation to therapy and psychoanalysis, that this [heart-mind] distinction is grossly over determined, in that it is presumed that if one rules the other, then somehow there's a kind of imbalance. And on so many occasions I've come up against criticism from people who just think, "Now you're thinking too much, you should be feeling." So I suppose I think of them as inextricably bound together and entwined.

**SØ** Not two separate elements working at the same time, but simply entwined? Fused?

**CWE**: Yes, I think it's closer to that kind of figure, sort of defining one through the other. But then I think we are back to the situation we started off with, with subject and object, to a certain extent. Now, it's tempting of course to place the subject in the Classical position and the object in the Romantic one, whereas the inverse is normally held to be closer to the truth and maintained for that reason. I have always had an investment in what it's possible to say, what spaces are actually possible to occupy, even if I am just rehearsing a position in order to experiment or do research. Now experiment and research are two words that somehow belong by association to a scientific model, which is considered to be cold and clinical and analytical, and very much 'of the head'.

**SØ** Intellectual.

**CWE** Yes, but physically I can't argue with the fact that I have to take two pills for the rest of my life every day because of my high blood pressure. So I have to listen to my body from time to time. I don't feel conflicted in that: one part of me is just producing that kind of work; but really, somehow underneath it all there is this passionate sensitivity. I think it all somehow runs through the work. If you can spend some time with it, then those things will emerge. And I hope they emerge as sort of necessary contradictions really, because that keeps the stimulus alive. As soon as it comes to rest somewhere, it might perhaps belong somewhere else, not in the realm of the art that I am making.

**SØ** It is interesting that you mention this necessary contradiction, because I think artists and curators often have a hard time talking about art in an emotional way.

**CWE** Yes, I'm not embarrassed, I'm not easily embarrassed, and I'm not shy to the extent that I feel it isn't possible to be emotive in talking about work; and in talking about the reasons why a lot of the people that I really admire and look up to have access to this passionate intensity which has suffused their production because they are listening to their souls. Let me sum up what I meant earlier when I mentioned that I wanted to hurt the world into something: I meant I want to destabilize certain hierarchies. Art is to question and to interrogate reality, to transform the world into a more marvelous and wonderful place. If you can't claim or approach such space with your production what is the point really? Without being passionately alive and engaged, being an artist without that, you might really just do something else. Unless it is possible to live with a kind of furious passionate intensity for the world, then you may as well get a job.

I suppose people are intimidated by the kinds of hierarchies that are set up by intellectuals and academics, and this very irritating level of snobbery that operates where people use knowledge as a weapon, as a tool to terrorize. You see it all the time at school, all the time at educational institutions and establishments. Where people apply theory as a kind of bullying, really. And I find that depressing.

**SØ** And also as a shelter around their art, protecting their art.

**CWE** Yes, true. I use it as kind of camouflage, rather than armour. In a sense much of my work is really involved with this kind of notion of mask or camouflage. Once you have this structure in place you can operate behind it. To that extent it is possible, in that operation, paradoxically to acknowledge the fact that you are operating behind it, and then it opens up a space for possibility. You actually then start looking again.

**SØ** So you kind of re-negotiate the subject by doing that?

**CWE** Yukio Mishima, the Japanese author, talks about the profundity of the surface itself. He talks about the skin. Specifically, with great intimacy and in a passage with a great kind of erotic charge, he talks about the skin as the liminal boundary between the inside and the outside. It's the interface, if you like, of the visual, physical body with the outside world. It's the surface. Quite rightly and impressively, he questions why people should consider that 'surface' is in some sense a superficial notion, not a serious one. You have to go under the surface; you have to go under a layer. Much the same way as people might consider that the head is more superficial than the heart, because the heart is underneath it in some way also. It's absolutely true that people do use their limited intellectual skills, or considerable intellectual skills, to create barriers and boundaries and use them as a sort of defence mechanism. At the same time, I think if you are really committed to what you're feeling and what you're thinking, it kind of joins up at some point.

sø It's woven together.

cwe It's woven, it's inextricably bound together. Of course, what is possible to do is rehearse them as separate categories and treat them as such. In which case you are playing out some kind of naming game, really, in a sense. I don't think anything exists in isolation. So there are rules, there are certain things that you are allowed to do and certain things that you are not allowed to do because there is a logic involved. There is a logic to mathematics, and pure mathematics is not free jazz. But can't pure mathematics and free jazz be in the same room?

sø They can definitely.

cwe So I try those things in the same room.

sø Yes that's what you do, and why I wanted to bring this to the table. You bring it up as coexistence—not contradiction, not opposition, not a dichotomy. But they are there. I guess what it comes down to is the wording of this fusion.

cwe Yes, take an example like Andy Warhol. He was the most conceptual of artists on a certain level. He is so fascinating. He is so complicated and such a wonderful source of inspiration. Warhol's films especially. There is this coldness, a distance. There is this optical distance. This cruelty. This objective cold distance. And at the same time the films are suffused with longing and desire. You don't cut Andy Warhol up into bits when you look into a Marilyn picture. You are just actually witnessing something highly developed, full of intensity.

sø Maybe that brings us back to perception. That this is the synthesis of what you perceive. You can't really name what is what.

cwe I think the scopic regime is over-determined, and I think Duchamp was right about this—that the retinal is over-determined and our perception of space is overdetermined by our perception of time.[6] Because to a certain extent the retinal, the visual side of visual art…

and someone stupid is going to argue it's called visual art because it is visual—I mean fuck off! We are talking about perception as this great big, hugely synaptic sparking-out in all directions. Everything contributes to the way in which you perceive a work of art. And I suppose to that extent my works attempt to push those boundaries of what I refer to as this expanded field. Is it maybe possible to call it an 'intersensual' field? Something that is a synaesthesia between listening in the manner of seeing and seeing in the manner of feeling. Those interstitial zones of experience, which are much closer to 'how it really is'. What a difference from parcelling it all out into nothing but categories within that field. I don't judge work by the fact that I think there's kind of a flaw in what it's trying to achieve. It isn't like a recipe where it has gone slightly off. It depends of course on what you are trying to achieve. But I think those contradictions are inherent and productive. I think you are alive if you are able to inhabit contradictions.

sø To embrace them

cwe Yes. Embrace. There is a text that I return to time and time again, which is "The Laugh of the Medusa" by Hélène Cixous. In translation, I believe, the sentence is "come enter the arena of contradictions where reality and pleasure embrace".[7] I'm happy with that.

sø Being in that area of contradictions…?

cwe Well, I think it is wonderful to actually invite someone; "Come with me into this place. Come with me into this place of contradictions".

6 See for example: Martin Jay: "The Crisis of the Ancien Scopic Régime From the Impressionists to Bergson", in *Downcast eyes: the denigration of vision in twentieth-century French thought.* University of California Press, Berkeley and Los Angeles 1993, pp. 149–211.

7 Exact quote reads: "Decide for yourself on your position in the arena of contradictions, where pleasure and reality embrace." Hélène Cixous: "The Laugh of the Medusa", in Patricia Bizzell and Bruce Herzberg: *The Rhetorical Tradition: Readings from Classical Times to the Present.* Bedford Books of St. Martin's Press, Boston 1990, pp. 1241–1242.

Look at that picture, how does it seem to you now...
Does it seem  to be persisting?

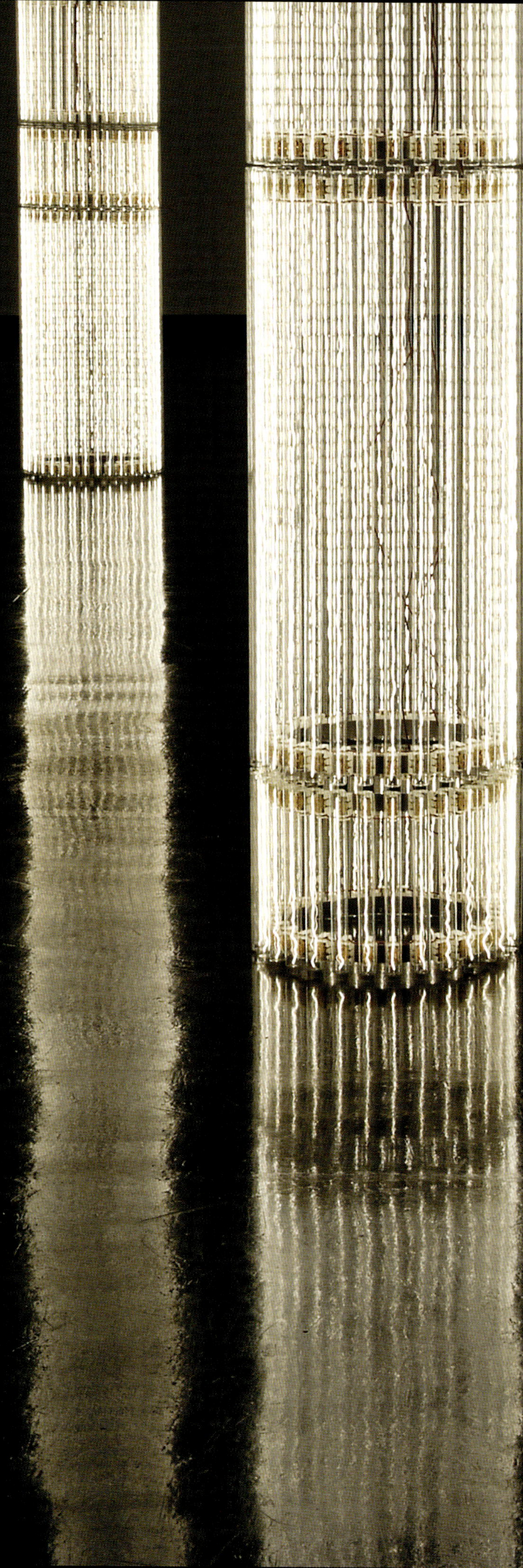

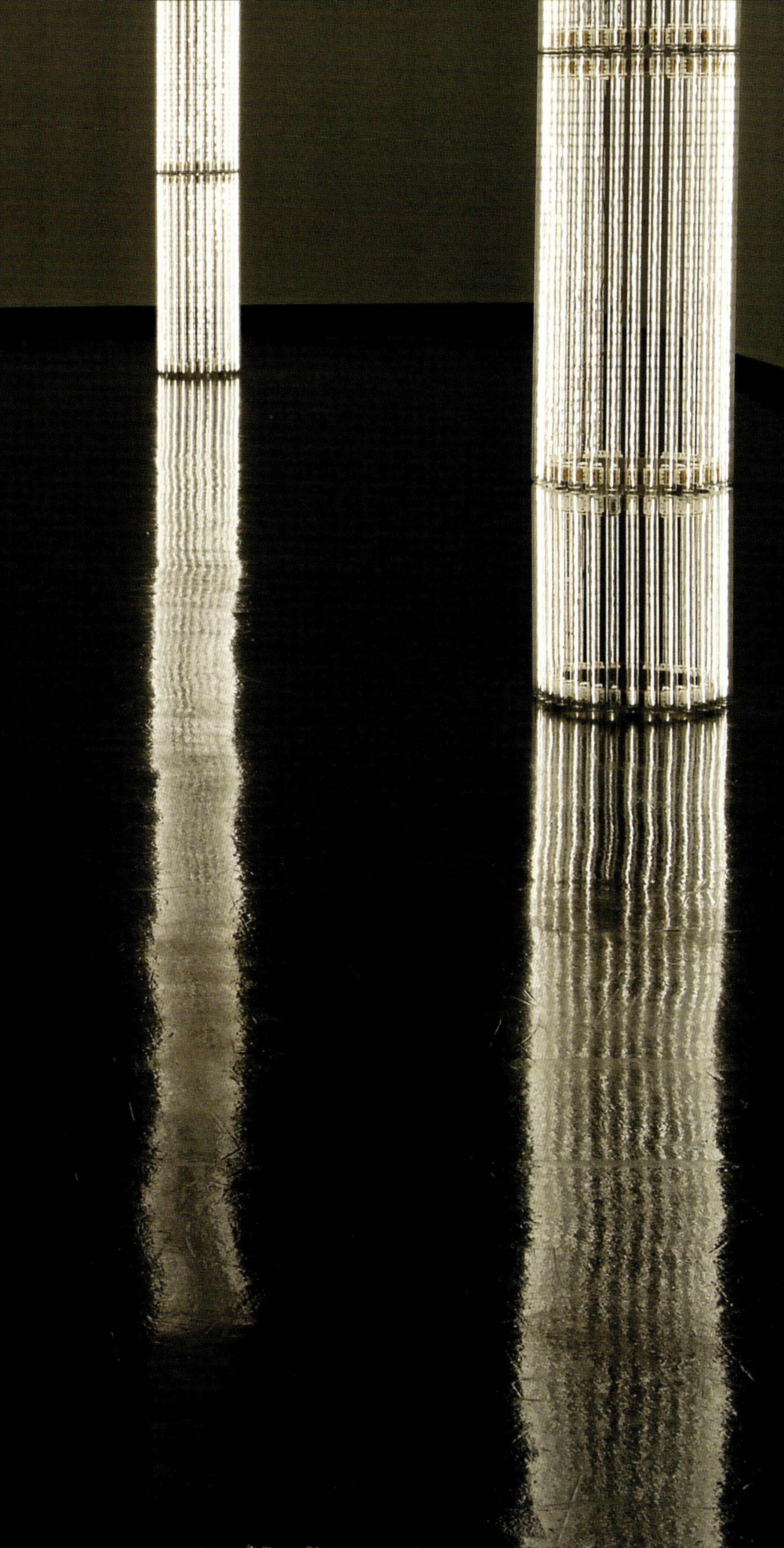

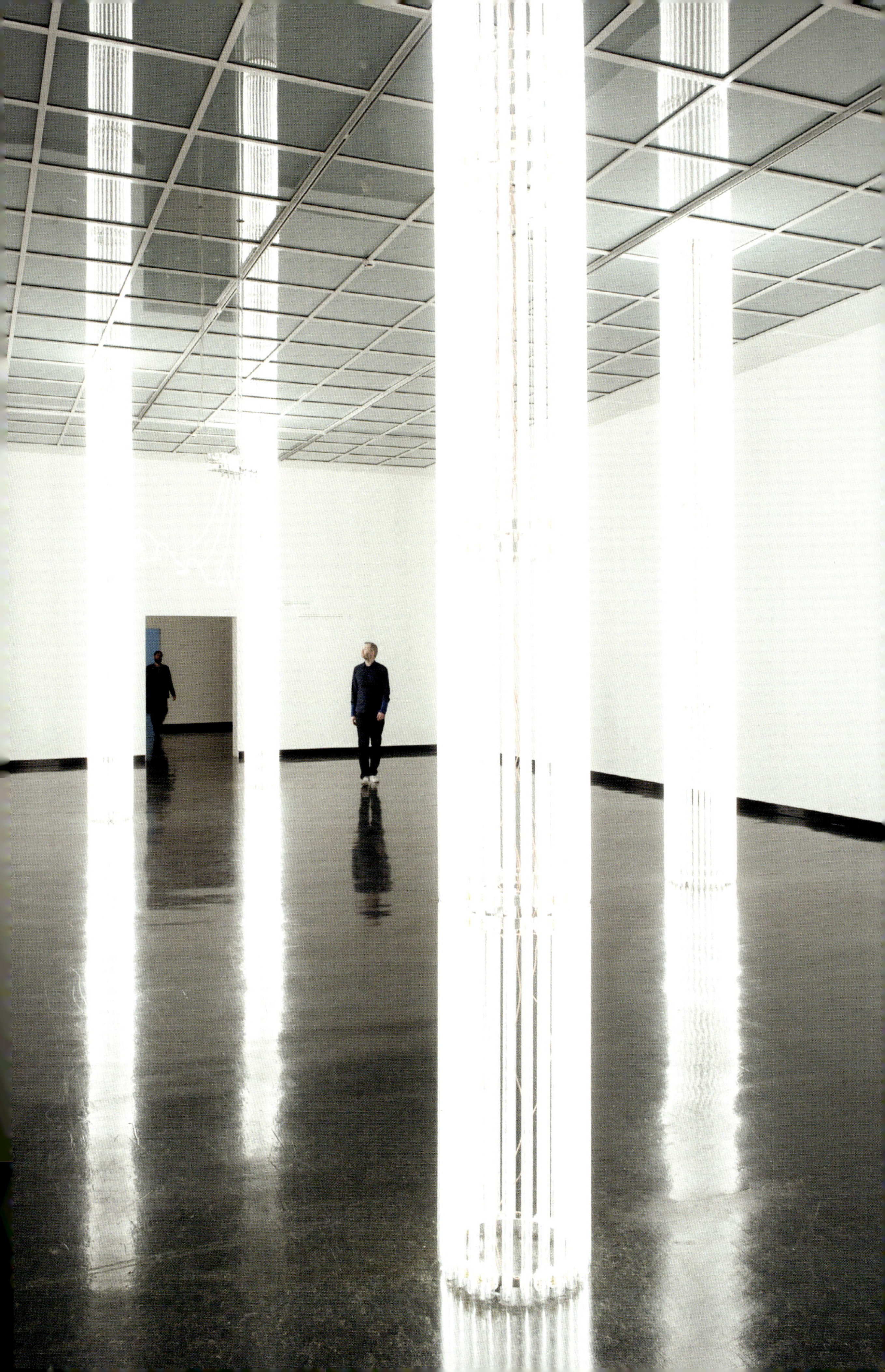

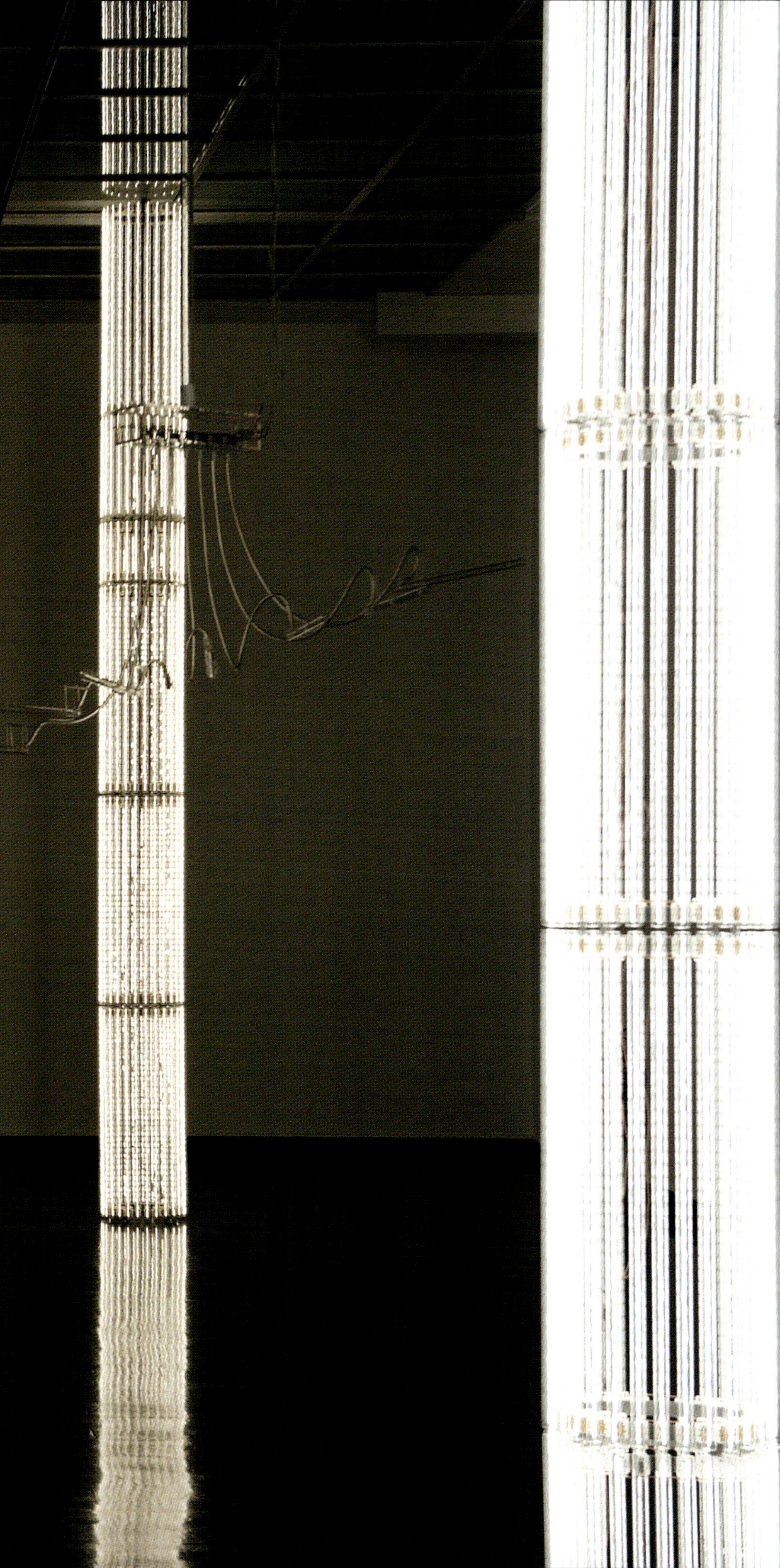

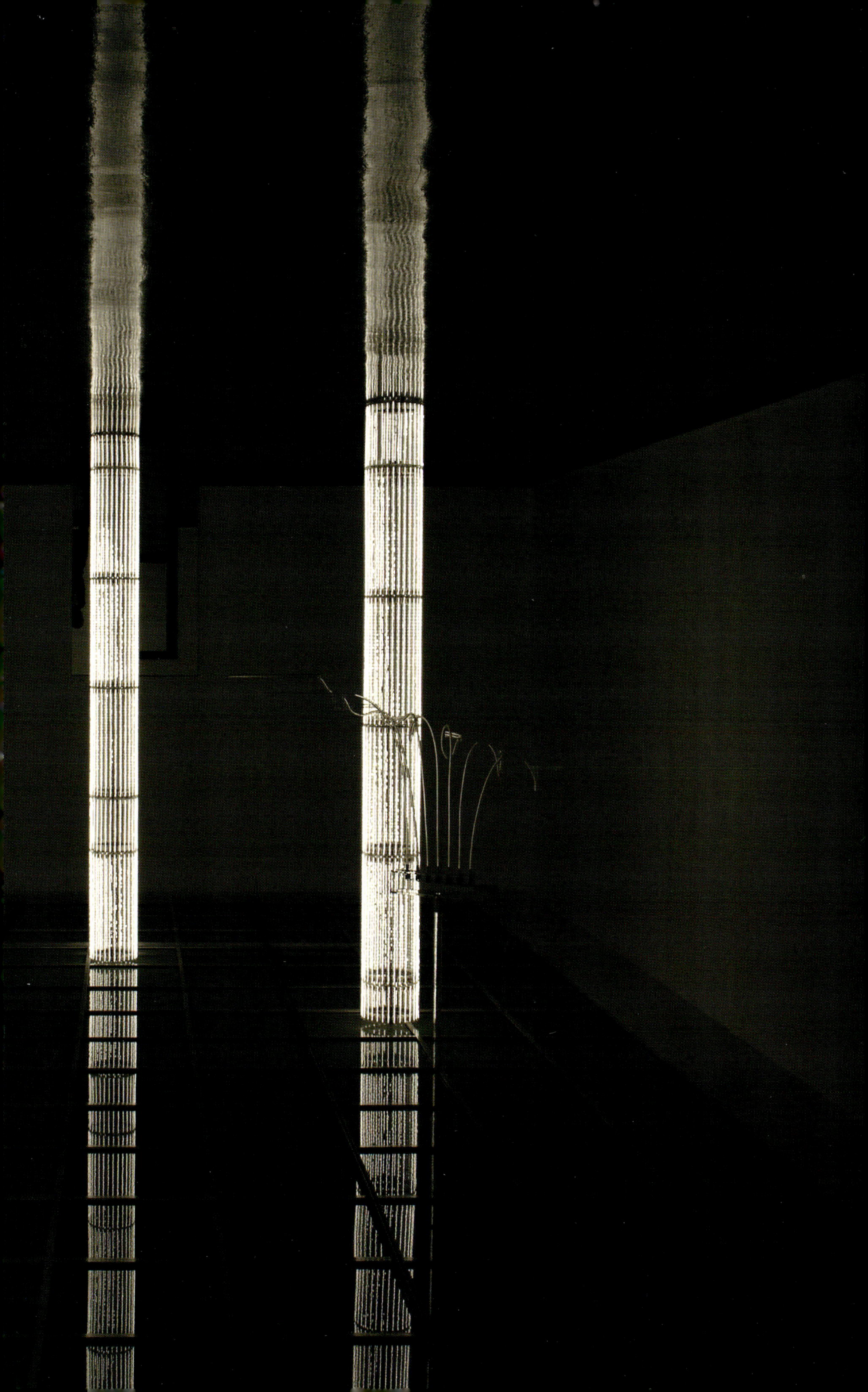

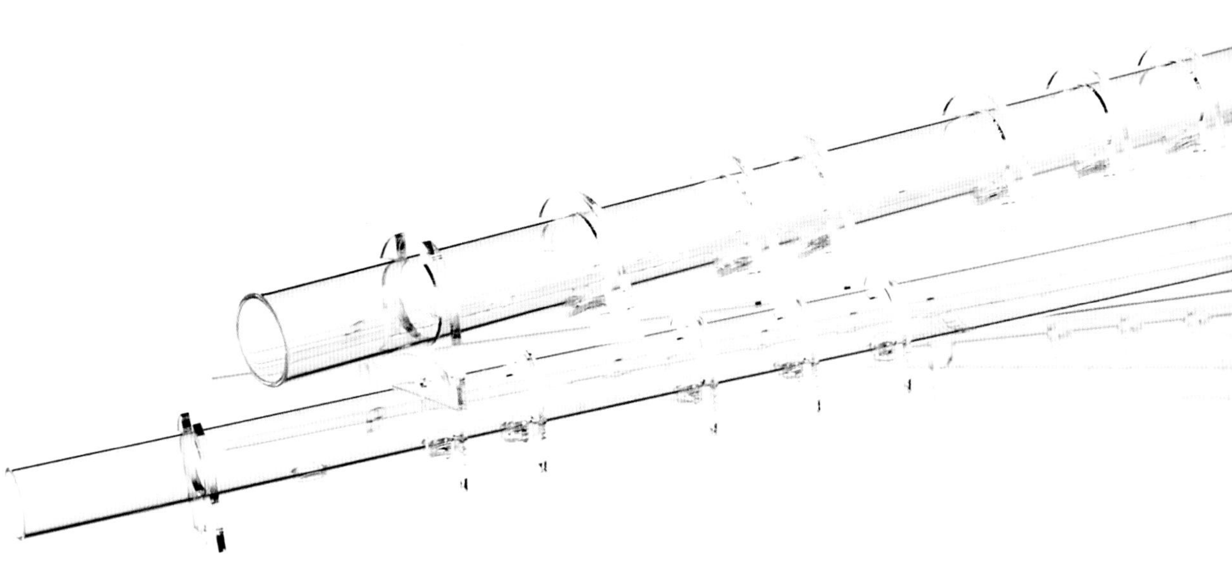

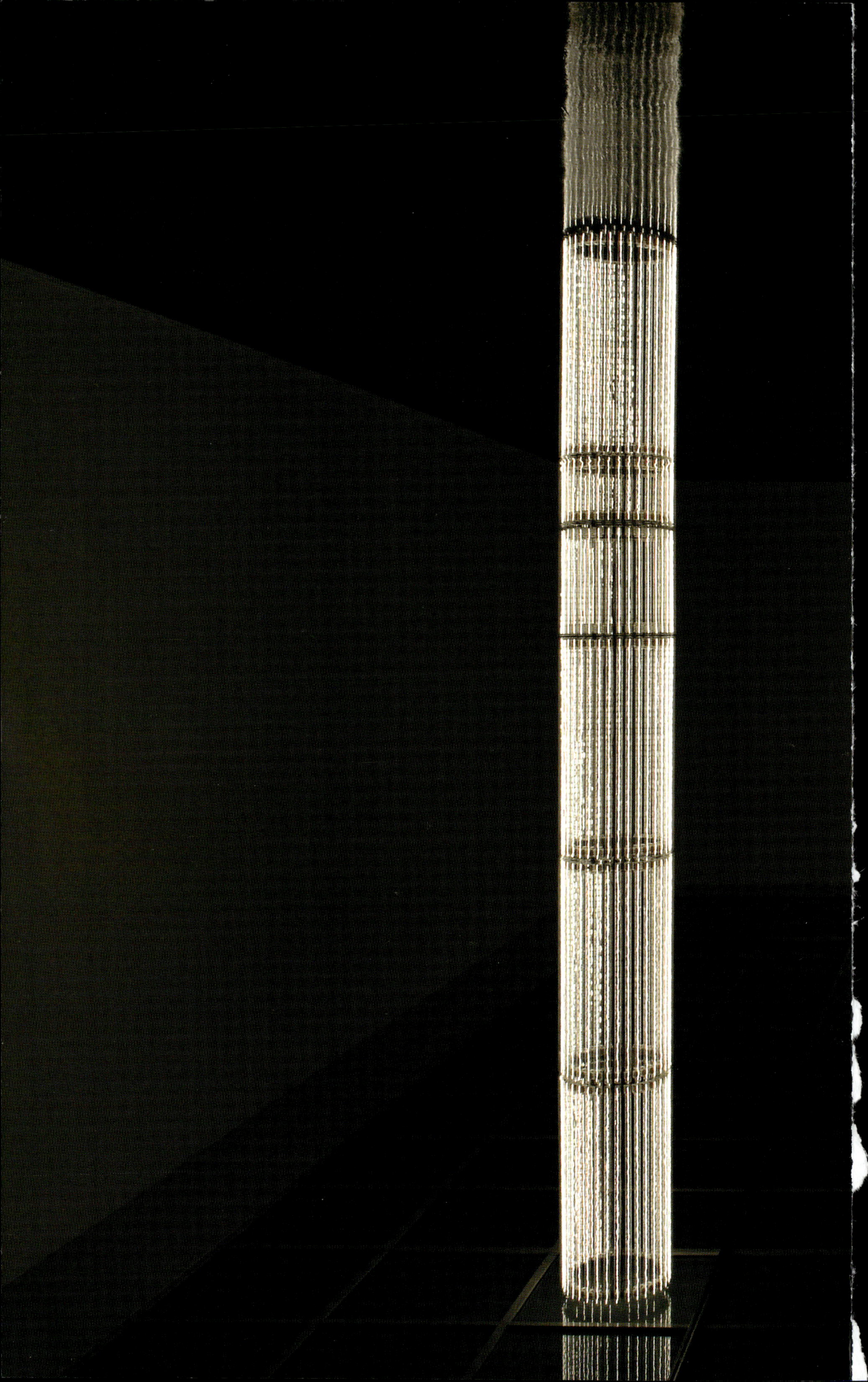

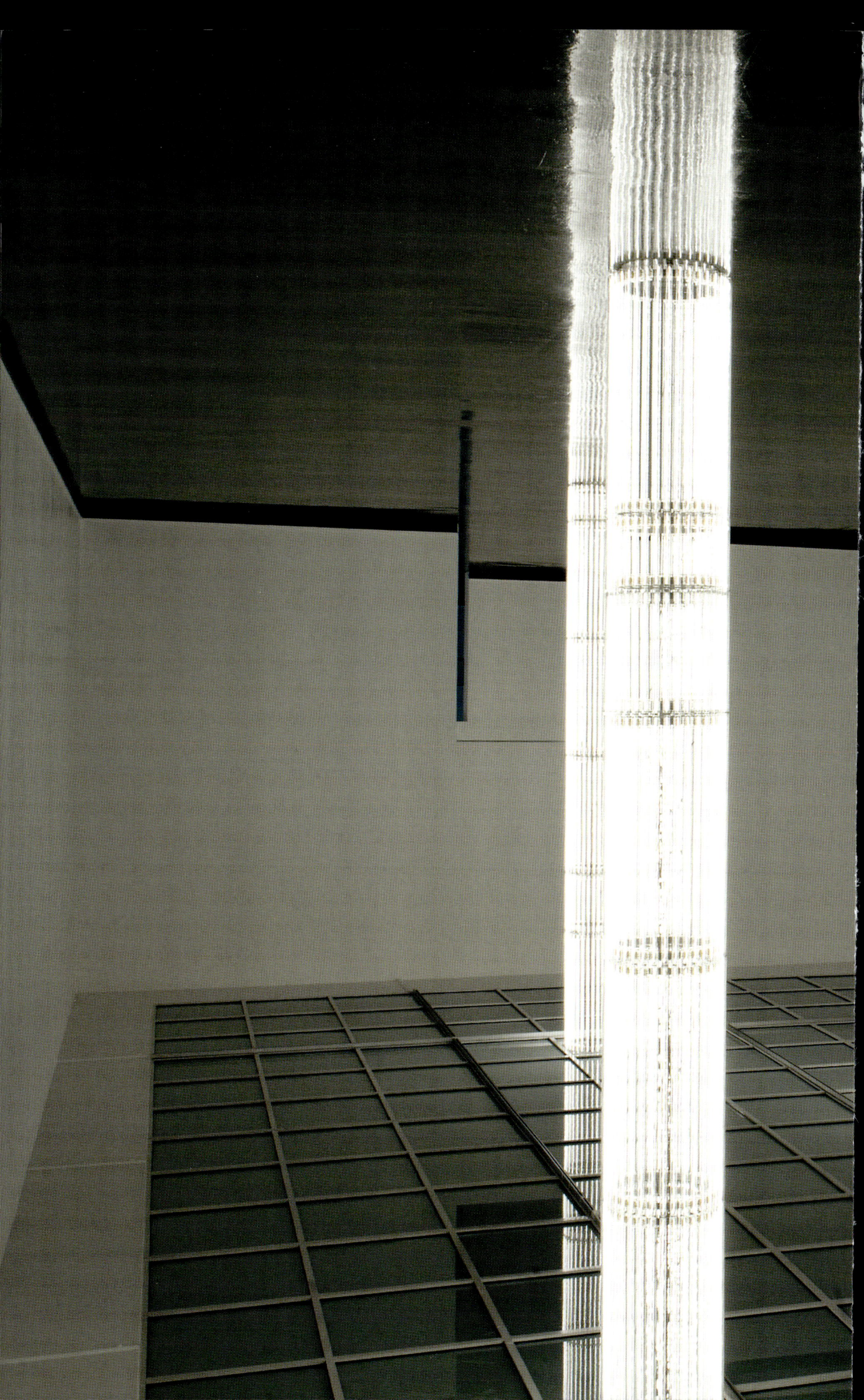

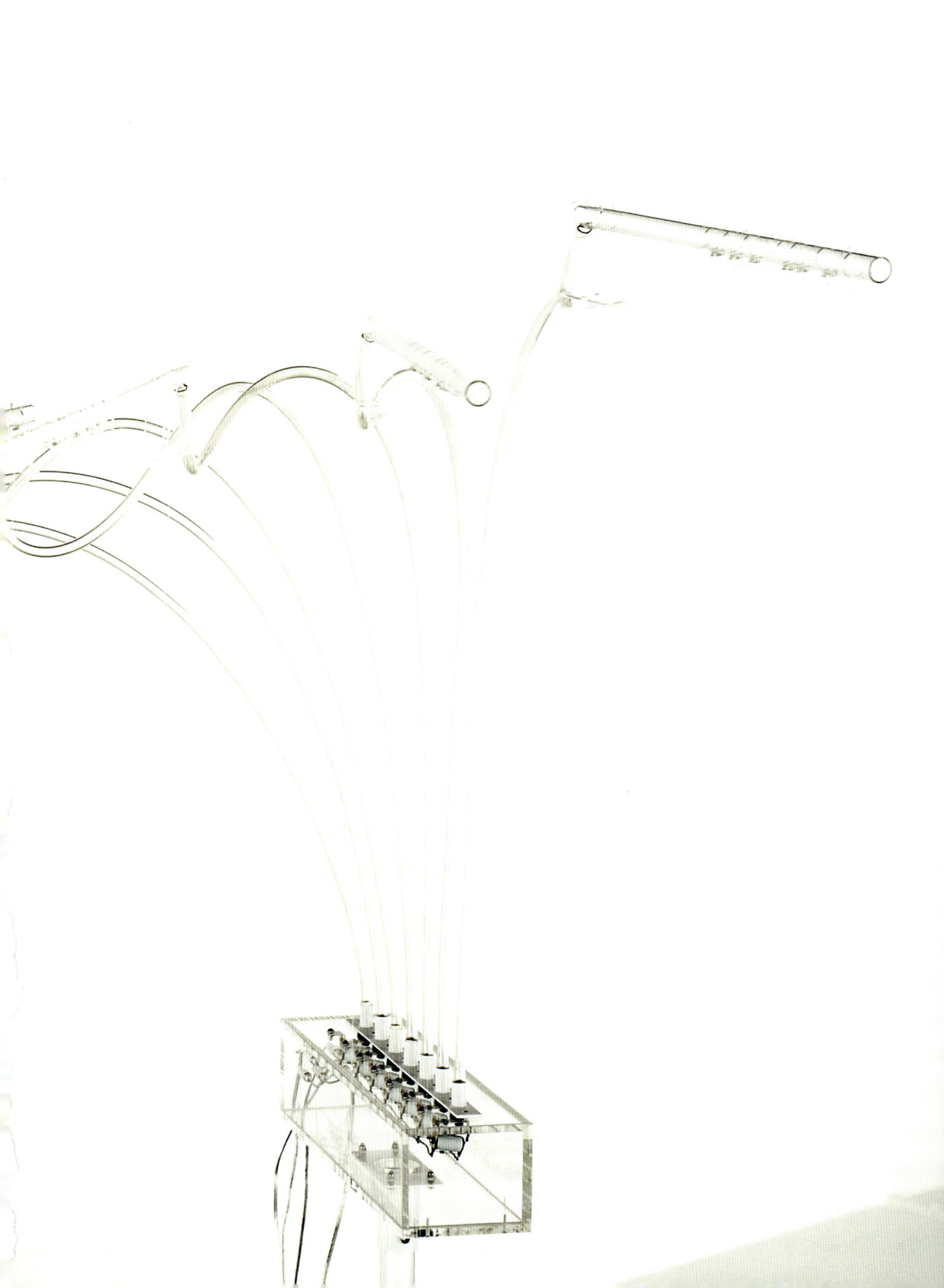

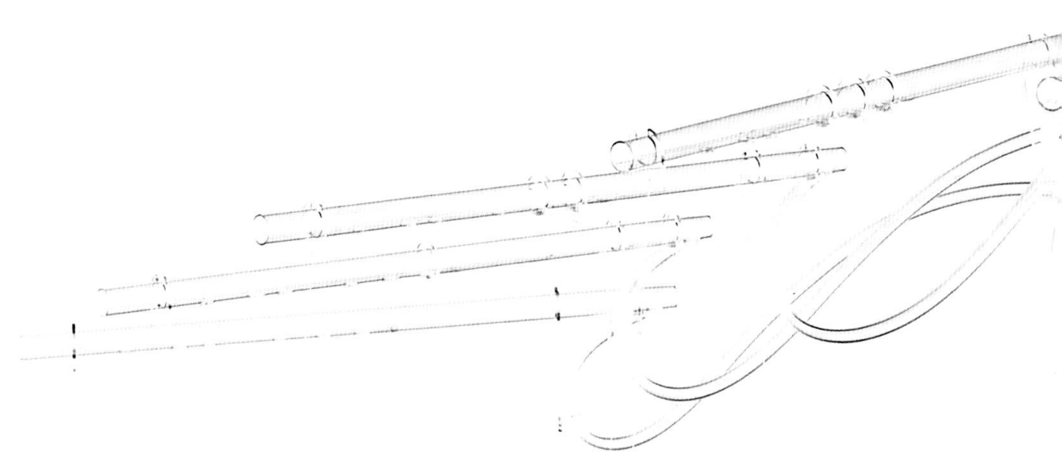

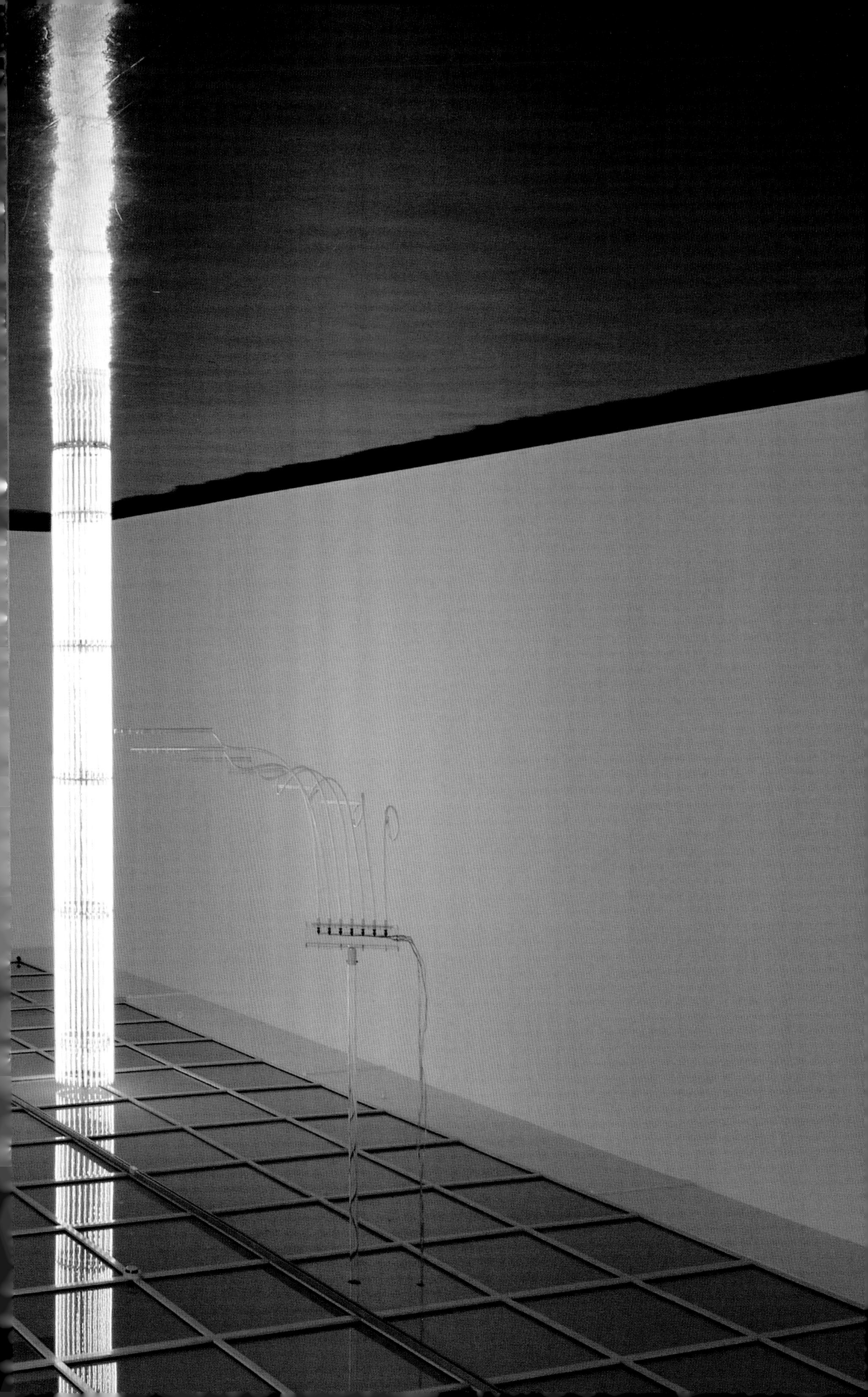

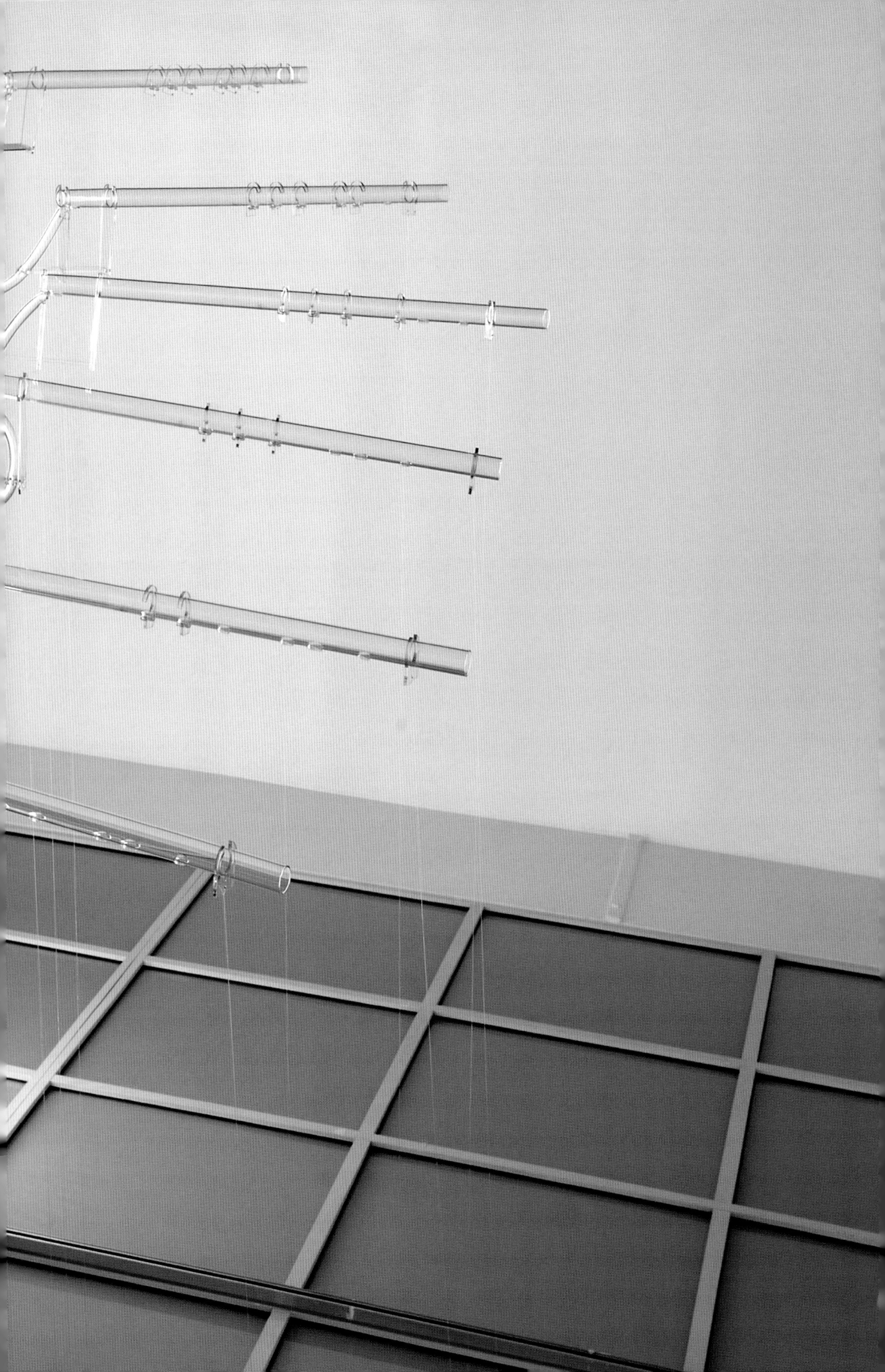

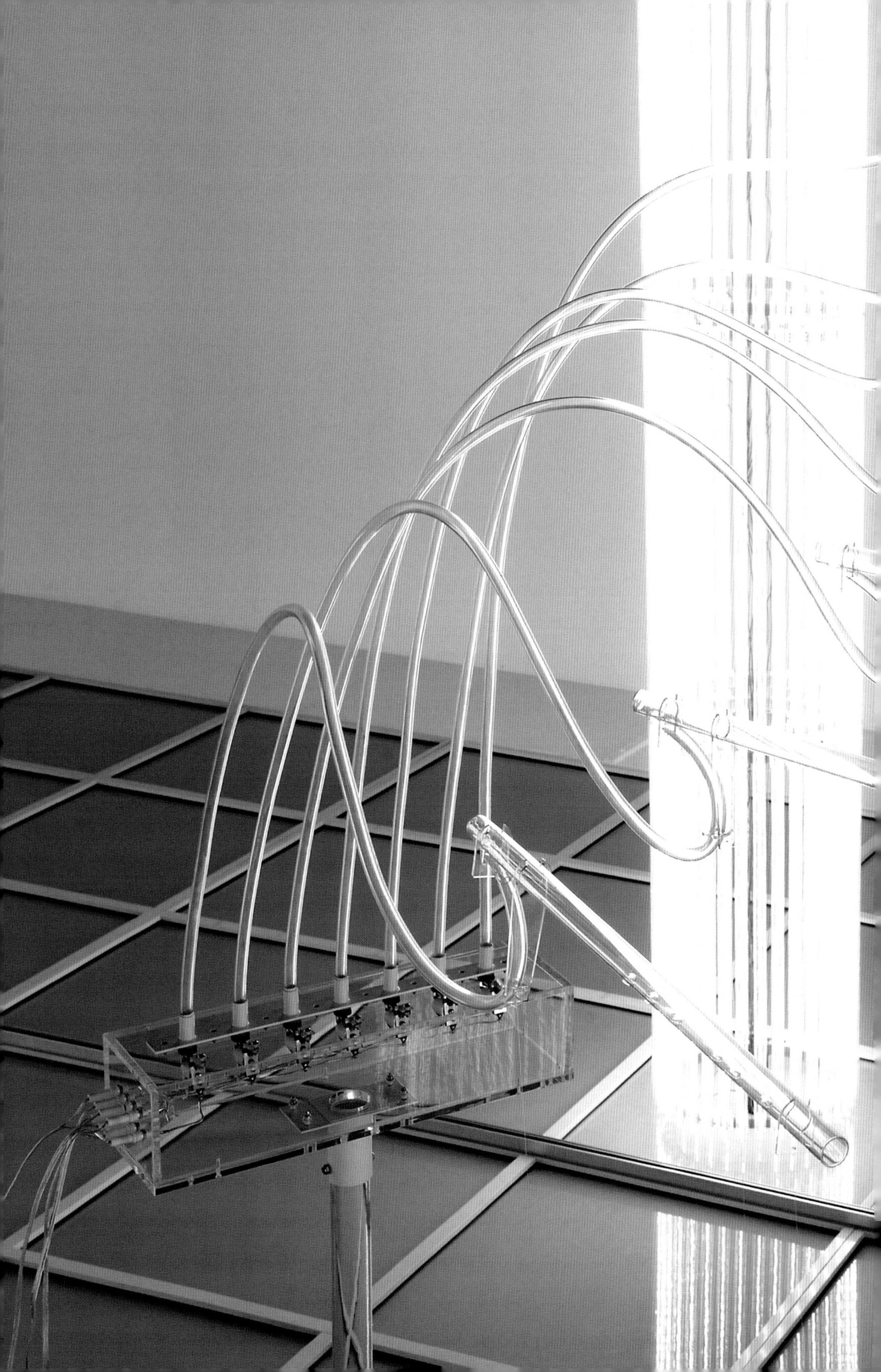

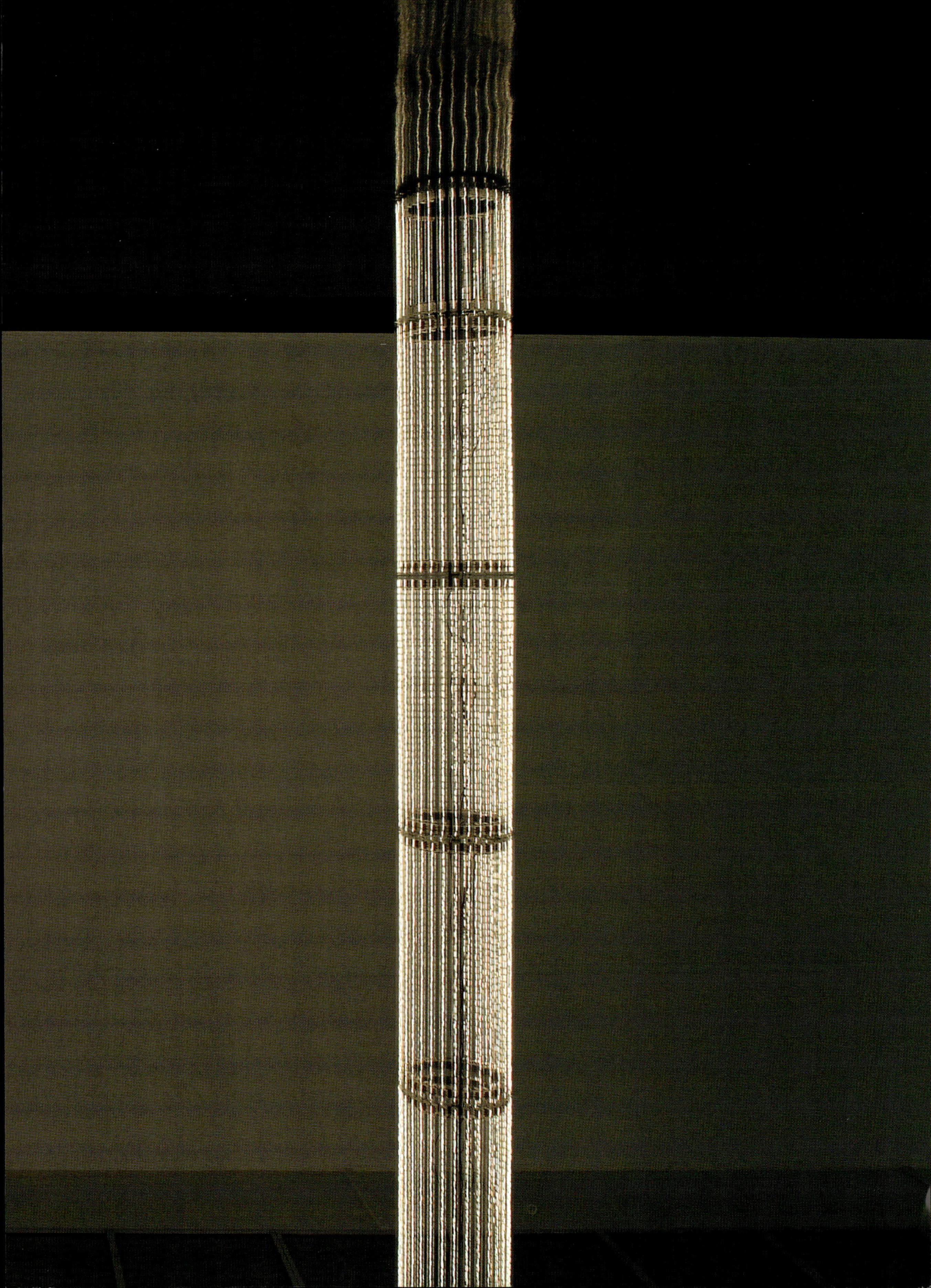

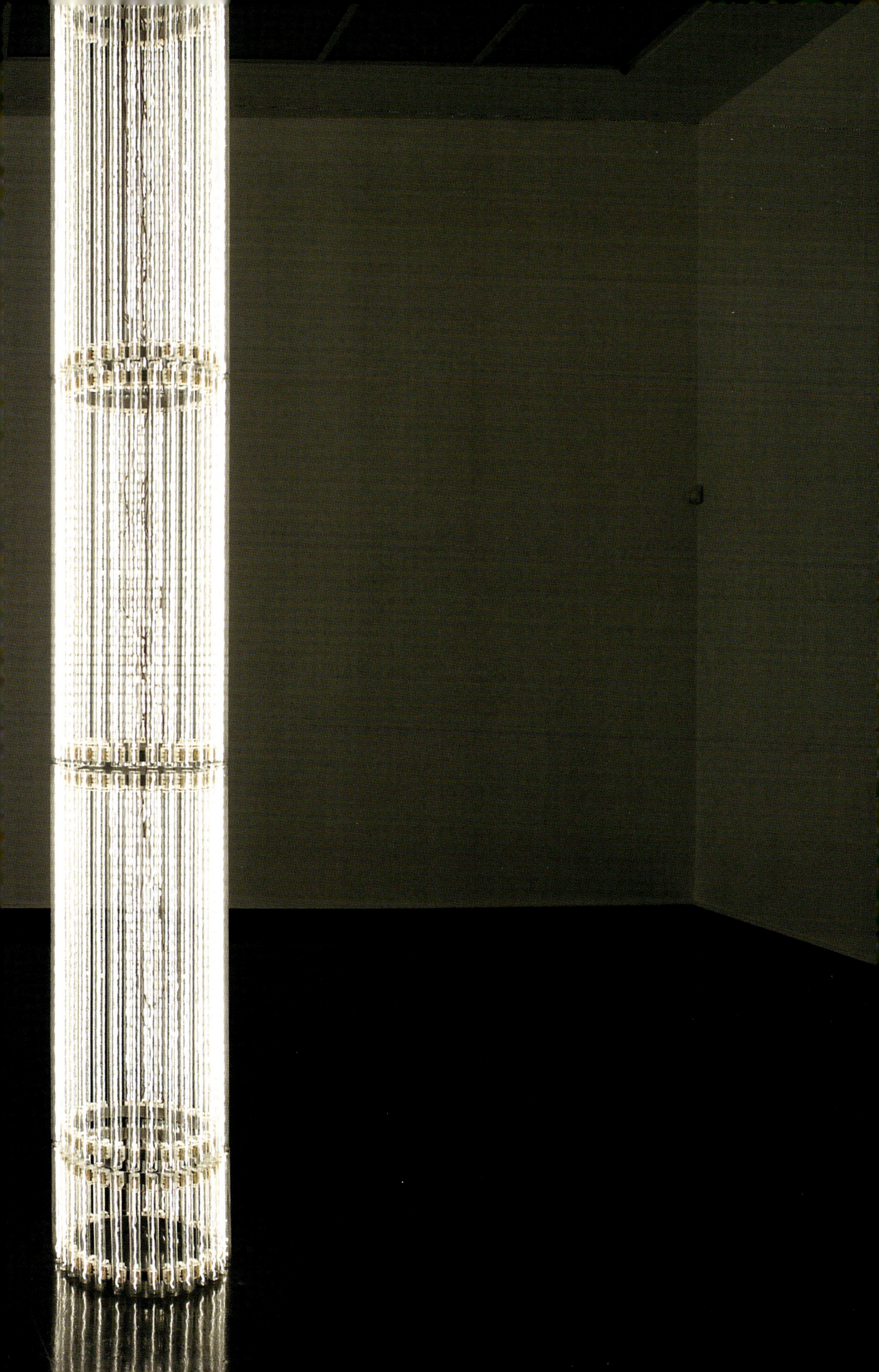

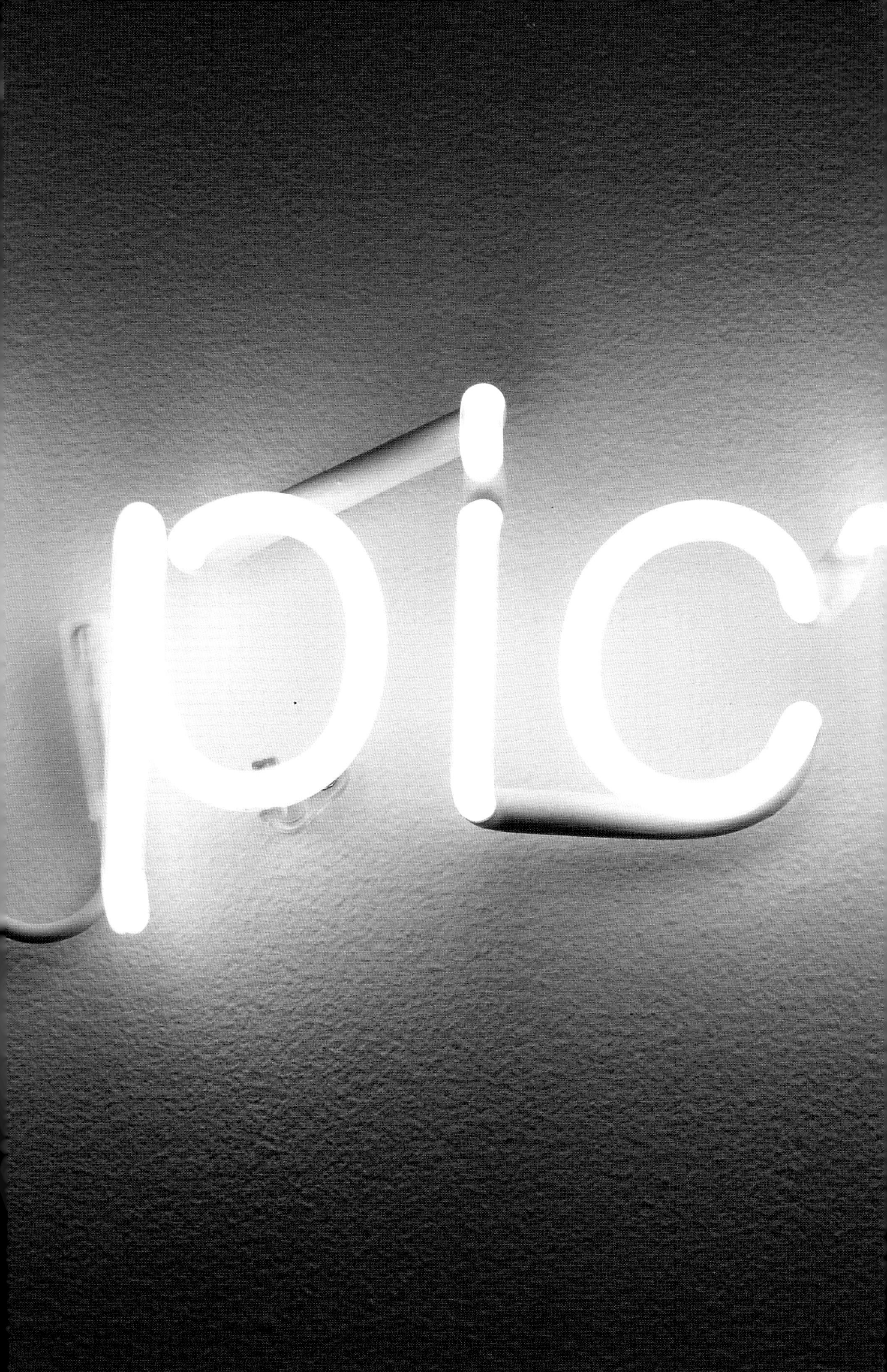
pic

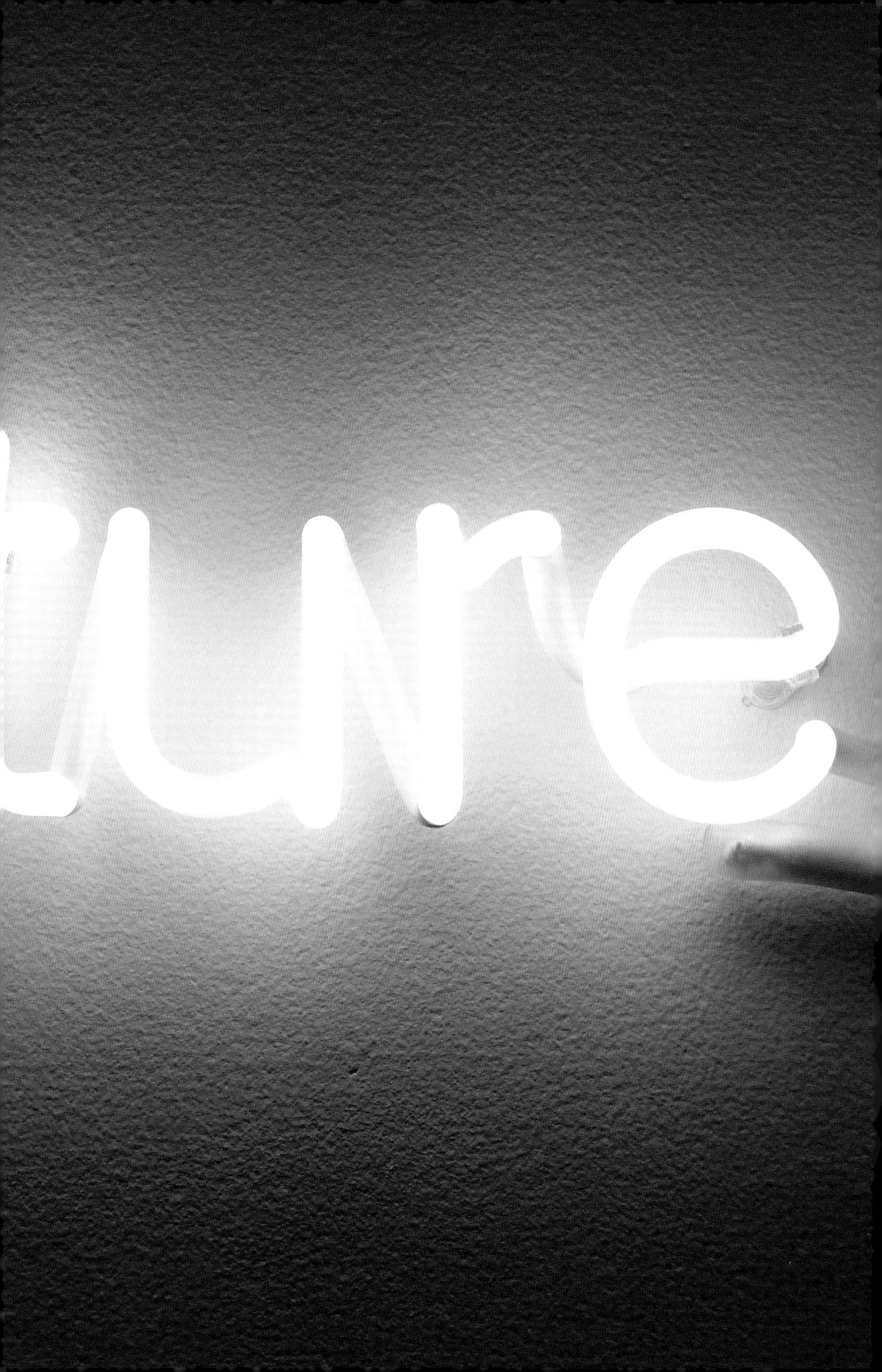
ture

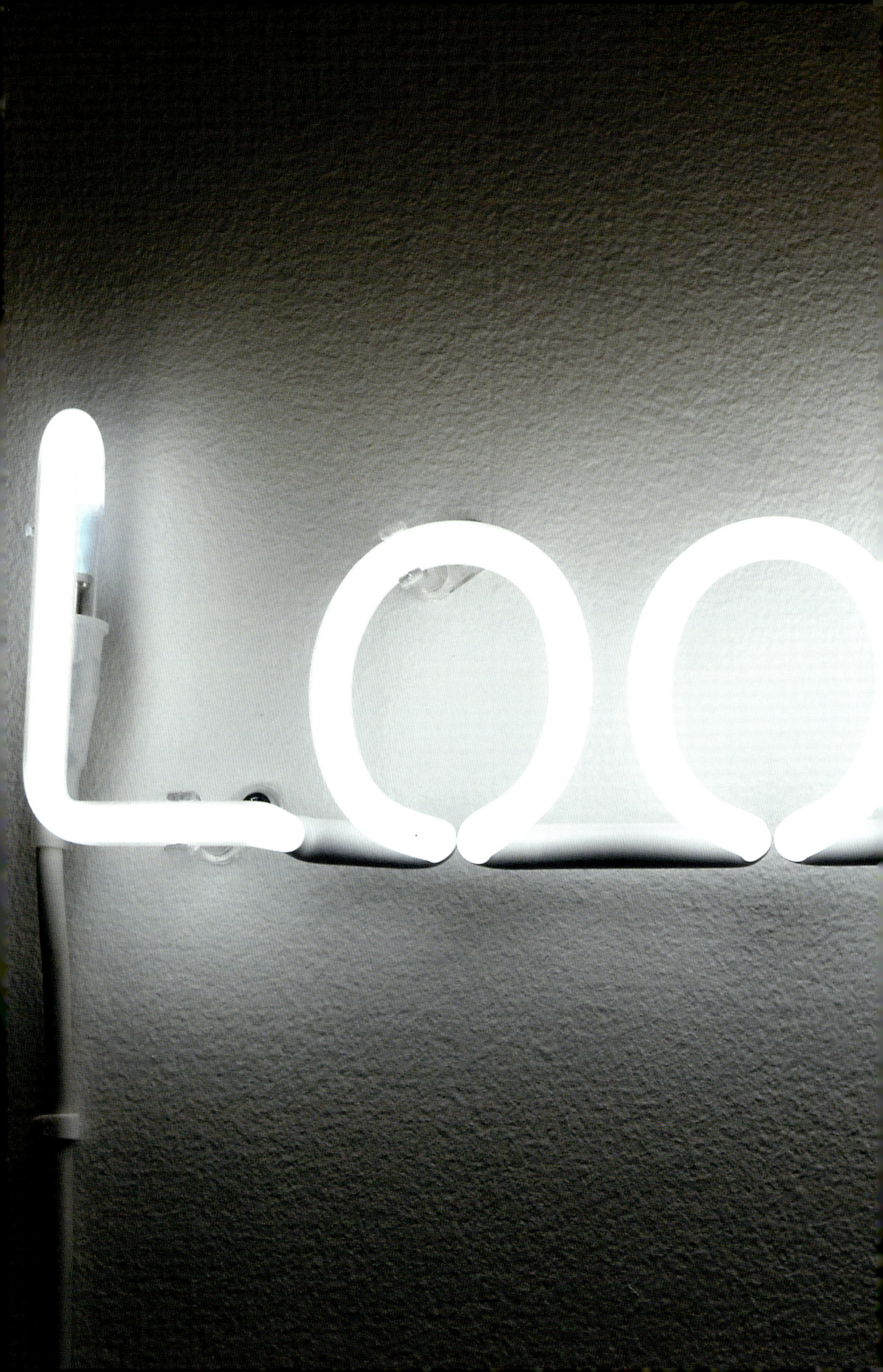

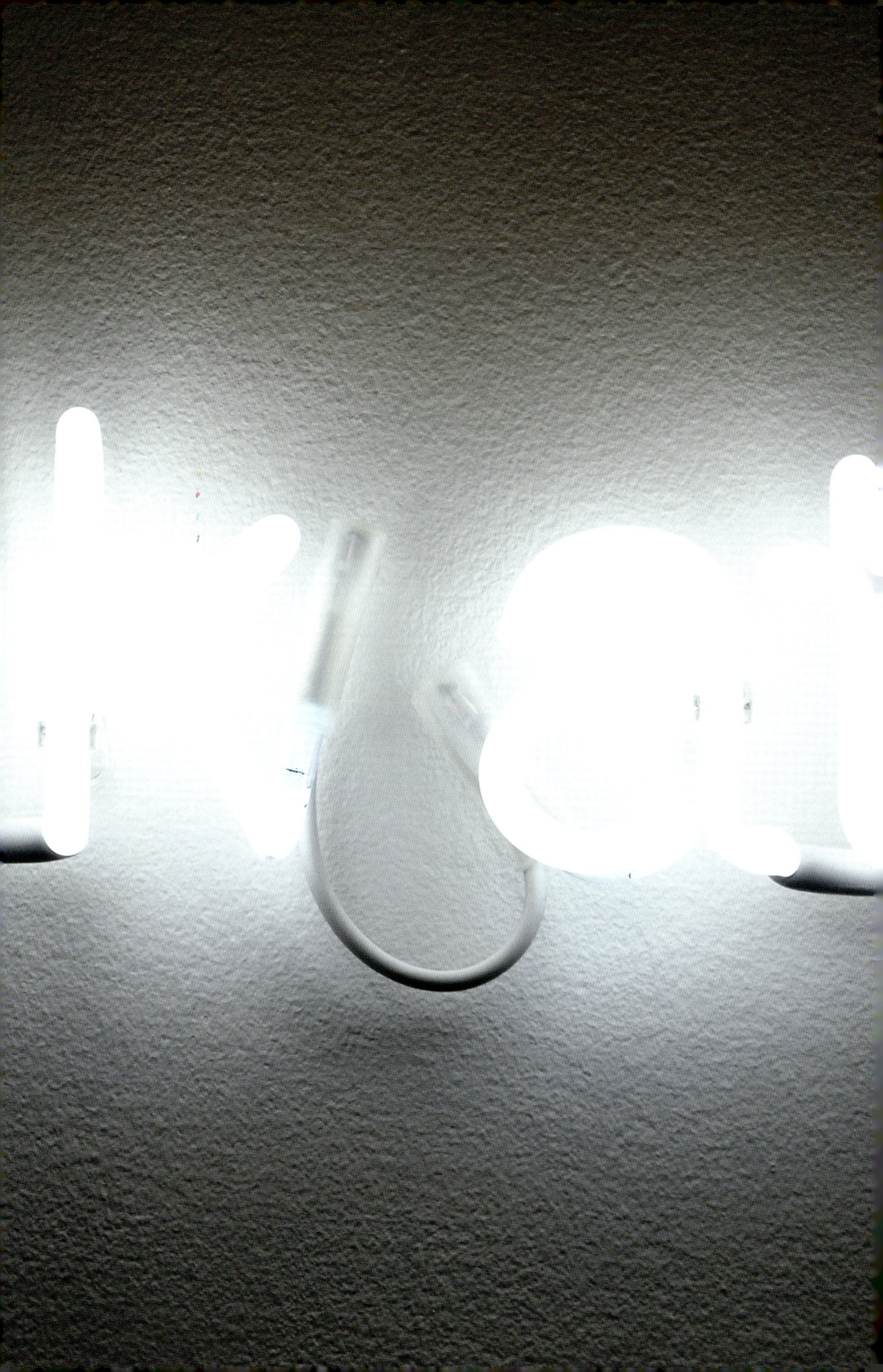

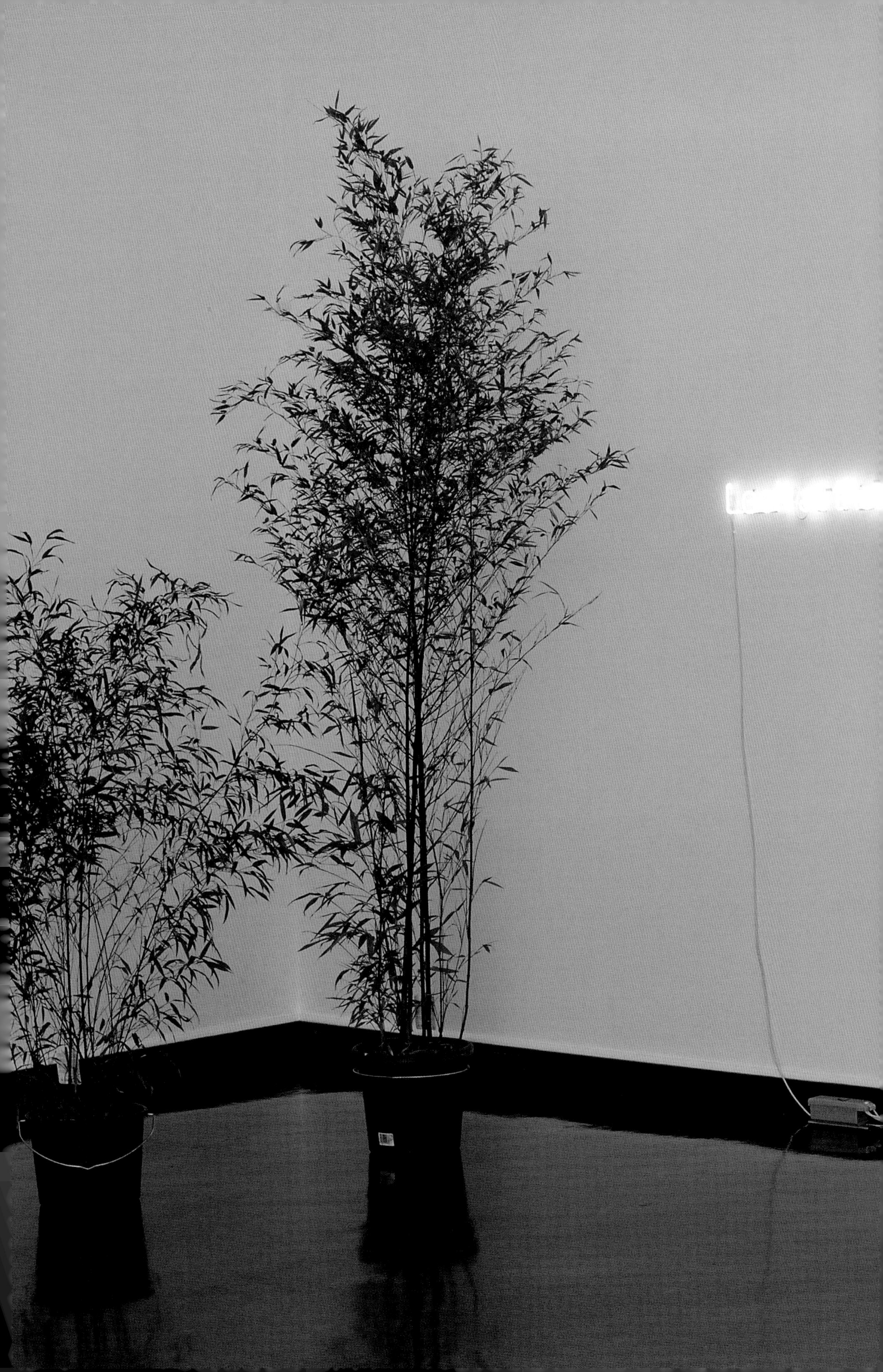

how does it seem to you now...
Does it seem to be persisting?

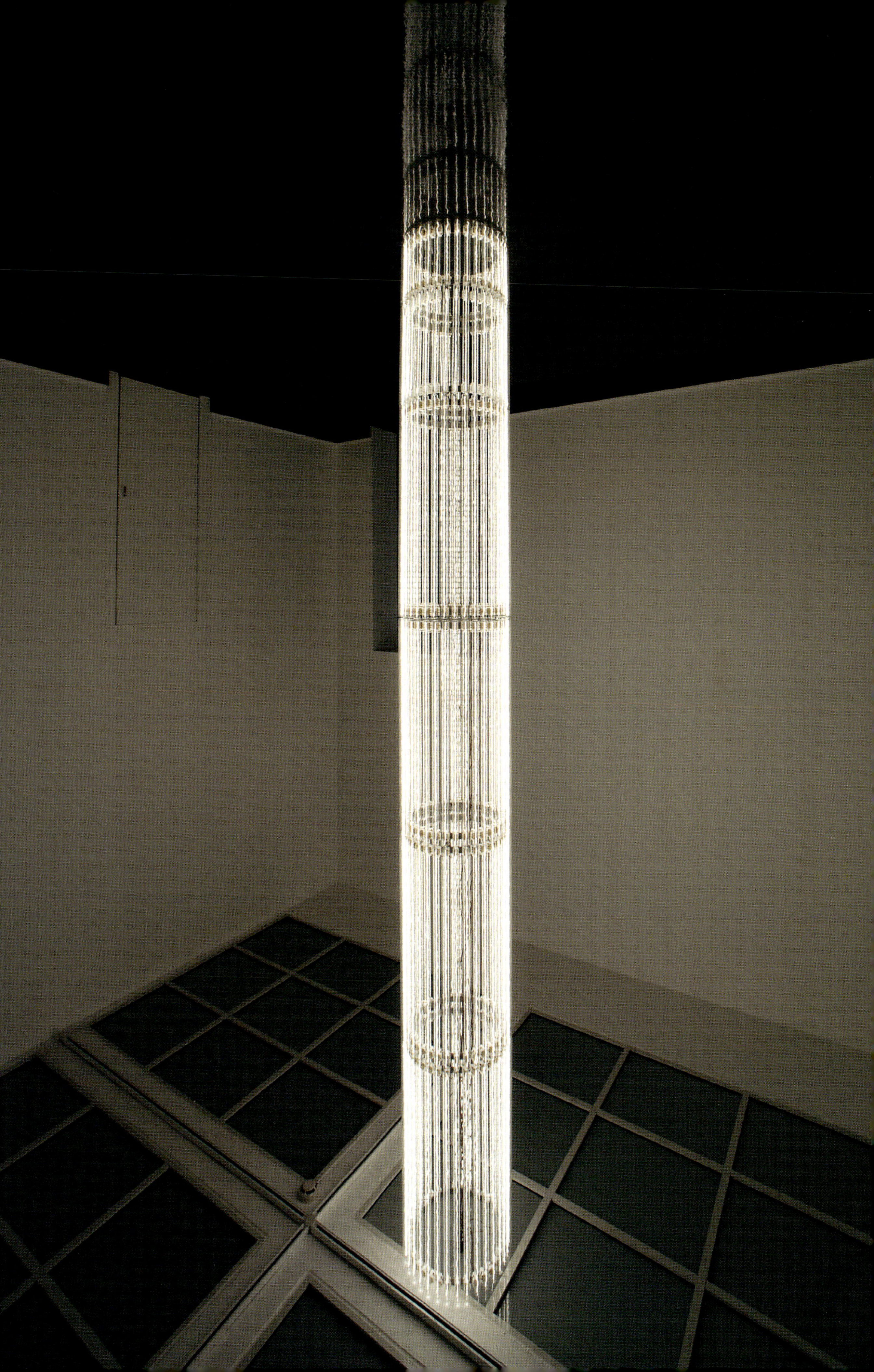

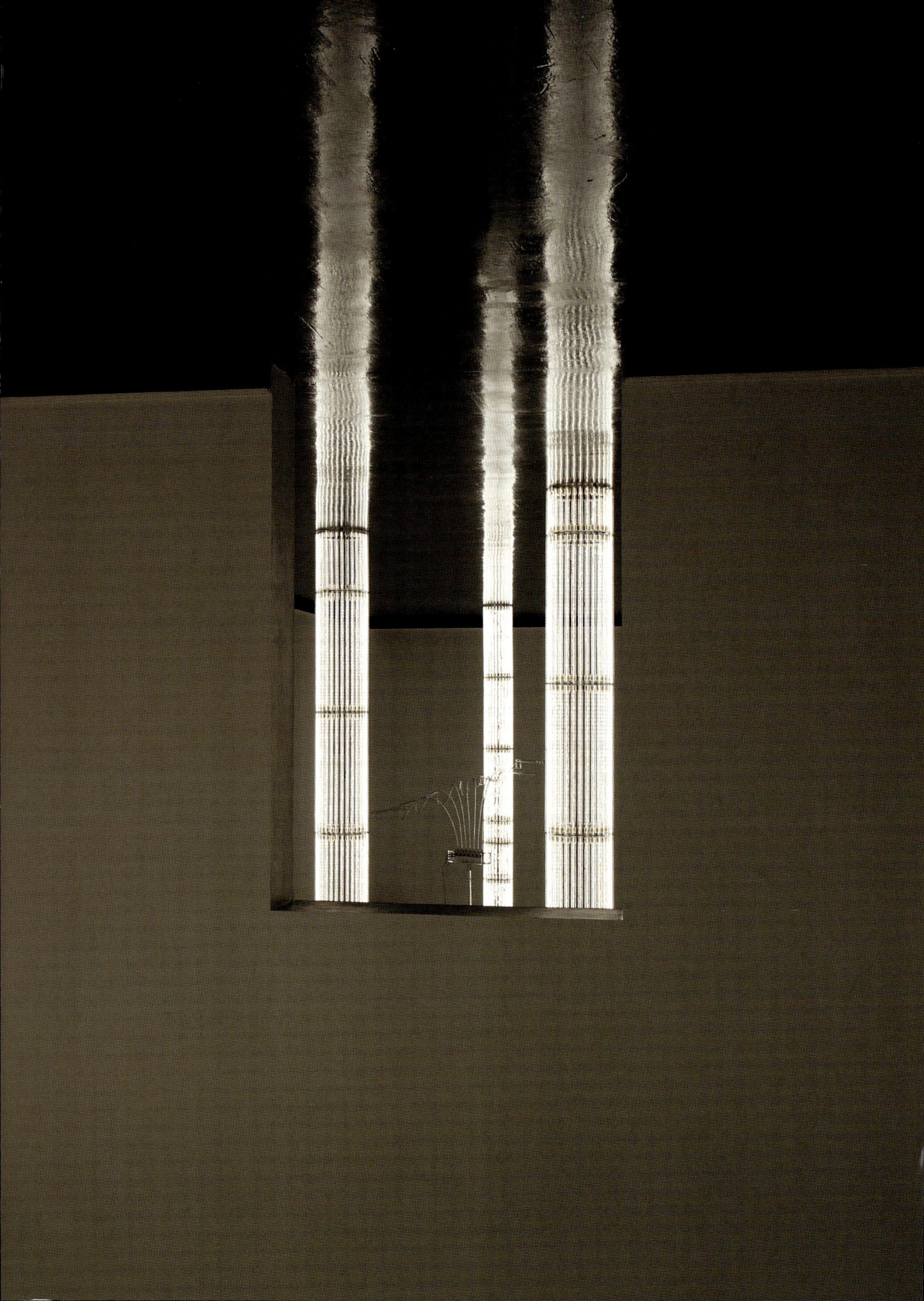

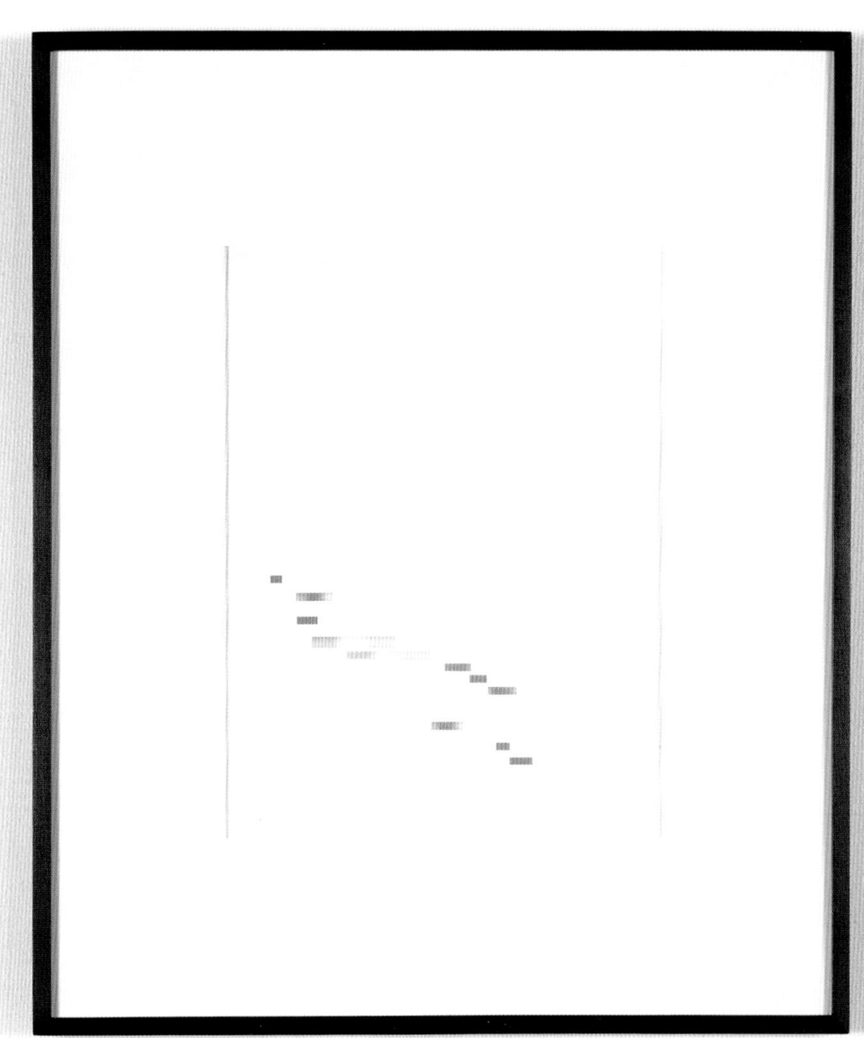

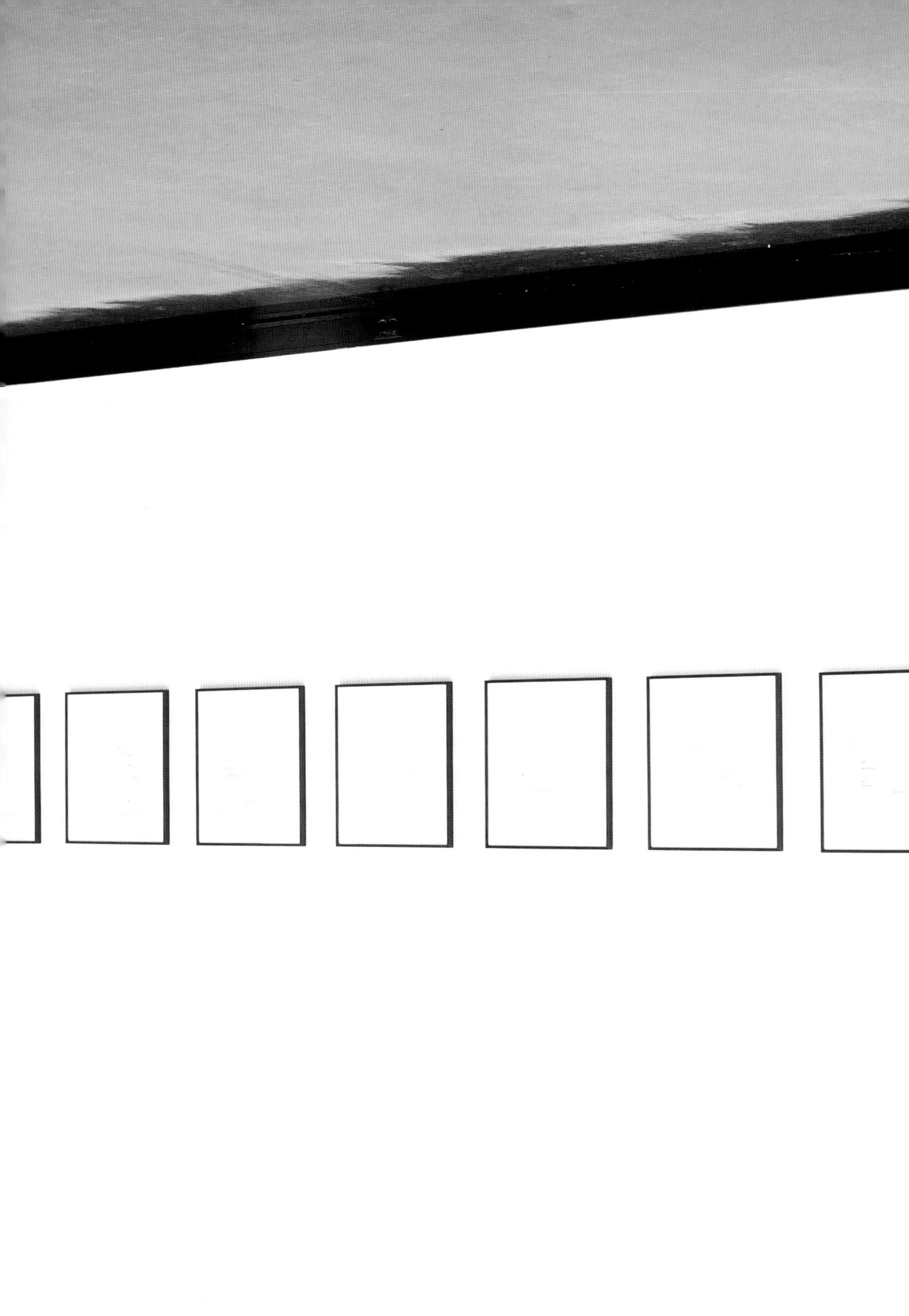

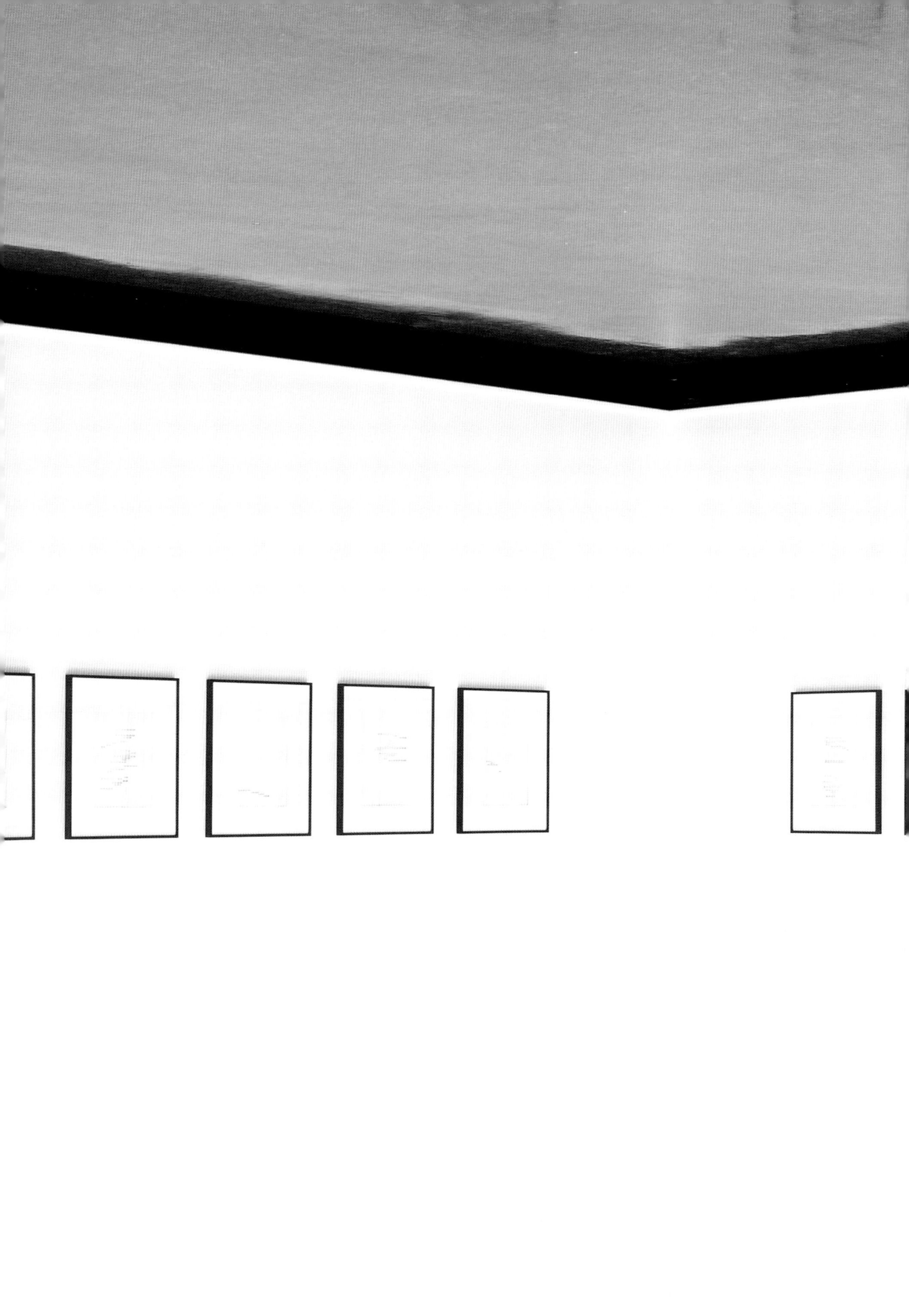